LINGUAGEM CORPORAL

Guia prático para aprender tudo sobre linguagem corporal

(O guia definitivo para ler a mente das pessoas através da comunicação não-verbal)

Enzo Silva

Traduzido por Jason Thawne

Enzo Silva

Linguagem Corporal: Guia prático para aprender tudo sobre linguagem corporal (O guia definitivo para ler a mente das pessoas através da comunicação não-verbal)

ISBN 978-1-989891-53-7

Termos e Condições

De modo nenhum é permitido reproduzir, duplicar ou até mesmo transmitir qualquer parte deste documento em meios eletrônicos ou impressos. A gravação desta publicação é estritamente proibida e qualquer armazenamento deste documento não é permitido, a menos que haja permissão por escrito do editor. Todos os direitos são reservados.

As informações fornecidas neste documento são declaradas verdadeiras e consistentes, na medida em que qualquer responsabilidade, em termos de desatenção ou de outra forma, por qualquer uso ou abuso de quaisquer políticas, processos ou instruções contidas, é de responsabilidade exclusiva e pessoal do leitor destinatário. Sob nenhuma circunstância qualquer, responsabilidade legal ou culpa será imposta ao editor por qualquer reparação, dano ou perda monetária devida às informações aqui contidas, direta ou indiretamente. Os respectivos autores são proprietários de todos os direitos autorais não detidos pelo editor.

Aviso Legal:
Este livro é protegido por direitos autorais. Ele é designado exclusivamente para uso pessoal. Você não pode alterar, distribuir, vender, usar, citar ou parafrasear qualquer parte ou o conteúdo deste ebook sem o consentimento do autor ou proprietário dos direitos autorais. Ações legais poderão ser tomadas caso isso seja violado.

Termos de Responsabilidade:
Observe também que as informações contidas neste documento são apenas para fins educacionais e de entretenimento. Todo esforço foi feito para fornecer informações completas precisas, atualizadas e confiáveis. Nenhuma garantia de qualquer tipo é expressa ou mesmo implícita. Os leitores reconhecem que o autor não está envolvido na prestação de aconselhamento jurídico, financeiro, médico ou profissional.

Ao ler este documento, o leitor concorda que sob nenhuma circunstância somos responsáveis por quaisquer perdas, diretas ou indiretas, que venham a ocorrer como resultado do uso de informações contidas neste documento, incluindo, mas não limitado a, erros, omissões, ou imprecisões.

Índice

Parte 1 1

Introdução 2

Desenvolvendo A Confiança: Tente Isto! 3

Saber Ouvir Pode Ajudar Você A Obter Uma Cooperação... 5

Para O Sucesso Em Time, Performance Remove Obstáculos 7

Aperte As Mãos Para Criar Um Vínculo 8

Sorria Para Dar Uma Boa Impressão 9

Expressão Espelho E Postura Para Demonstrar Consentimento 11

Ganhe Poder Em Uma Conversa Usando As Mãos 12

Para Saber A Verdade, Observe Os Pés Das Pessoas 13

CRUZANDO AS PERNAS E AS MÃOS 14

TENSÃO CORPORAL 15

Para Dominar Uma Conversa, Mantenha A Sua Voz Perfeita 16

Conclusão 19

Parte 2 20

Introdução 21

Comunicação Não Verbal 24

Congruência 31

Incongruência 33

A Mente 35

Mecanismo De Sobrevivência Inconsciente 39

Linguagem Interna	44
Zona De Conforto	47
Prática	56
Linha De Base	58
Confortadores	62
Mudanças Universais.	64
O Topo	68
Toque Na Cabeça	68
Inclinação De Cabeça	72
Bochechas	97
Lábios	99
Beicinho	104
Língua	104
Fugiu Com A Língua	106
Boca	108
Queixo	114
Pescoço	117
O Meio	123
Braços	138
Mãos	145
Campanário	151

Parte 1

Introdução

Expressão corporal é um meio pelo qual as pessoas podem ser entendidas. Na maioria das vezes, os sinais que as pessoas dão enquanto se comunicam não são percebidos ou compreendidos.

Seria bem complicado se você tentasse entender esses gestos sem um devido conhecimento, pois a linguagem corporal pode ser complexa, subestimada e multicanal. Pode parecer simples, mas não havendo umentendimento mínimo, será difícil.Mesmo depois de conhecer esses indícios, as coisas podem ficar um pouco confusas quando examinando uma pessoa, porque cada uma é única e, portanto, se comportam de diferentes maneiras.

Observando atentamente, perceberá que um bom orador tem sempre uma linguagem corporal influente à medida que transmite seu discurso. Uma expressão usando o corpo de maneira eficaz pode ajudar a ganhar muito mais atenção das pessoas enquanto discursa.

Neste artigo, você saberá sobrepoderosas linguagens corporais que poderão te ajudar a desenvolver uma ótima personalidade.

Desenvolvendo a confiança: Tente isto!

De acordo com Harvard e a Escola de Negócios Columbia, uma pessoa que mantém sua postura estendida, que se faz presente, é considerada como "Modelo de Alta Potência". Enquanto estiver se sentindo para baixo no seu trabalho, você deve buscar atingir um nível em que, sentiria-se tão confortável e feliz, que apoiaria as mãos atrás da cabeça e colocaria as pernas sobre uma mesa. Esticando suas mãose alongando suas pernas, em pé, somente por dois minutos, ajudaria a estimular o nível de hormônio no seu corpo e reduziria também o estresse.

Você deve tentar este exercício toda vez que estiver para baixo e precisar demonstrar uma aparência confiante. Variações hormonais podem ser observadas tanto em homens como mulheres, e uma atividade como esta pode ajudá-los a, por exemplo, tomar uma correta decisão em uma situação de risco. É importante saber que as pessoas são influenciadas pela maneira como se sentem sobre você e não pelo o que você está falando. Uma postura adequada reflete na produção de hormônio e, consequentemente, no nível de cortisol do corpo. Além disso, estar menos estressado aumenta sua capacidade de ter um bom desempenho em situações desgastantes.

É válido ressaltar que não se deve buscar intimidar com sua postura. Você deve somente buscar equilibrar a química do seu cérebro visando o objetivo final de que isso possa ajudar você a se sentir mais confiante e ter um melhor rendimento.

Por dois minutos, mantenha-se em pé. Coloque suas mãos nos seus ombros, depois nos quadris e costas, vendo que possui total domínio de seu corpo, respire profundamente, mantenha seu queixo erguido e sua região torácica estufada.

Assim, você estará preparado para qualquer coisa que tenha que enfrentar.

Saber ouvir pode ajudar você a obter uma cooperação.

Ouvir respeitavelmente é essencial se desejar que uma pessoa converse com você. Você não pode estar em um modo multitarefa à media que estiver tendo um importante diálogo com alguém. Multitarefa pode ser considerado como: olhar seu relógio, checar mensagens no seu celular, desviar o olhar ou até mesmo focar em outra coisa. É importante permanecer atento e próximo da pessoa enquanto se comunicam. Acene com a cabeça, incline-se para frente, demonstre que está de fato prestando atenção. Saber ouvir alguém, permite que esse alguém também se interesse em escutar você. Pessoas atentas demonstram ter consideração pelo falante e garante que a mensagem seja compreendida. Você precisa estar presente todo o tempo e não desfocado checando seu status no

Facebook ou em uma ligação, por exemplo.

Expressão corporal é uma implementação essencial. A linguagem corporal certa te torna uma pessoa atenciosa. A princípio pode fazer você se sentir estranho, mas com prática, é possível que venha a executar isso sem nem perceber. Em todo o caso, quanto mais dominar os quatro fatores a seguir, melhor será as suas conversas com qualquer indivíduo.

Aproxime-se do falante.
Assegure-se de participar da conversa.
Mantenha contato visual.
Acene com a cabeça.

Esses fatores vão permitir que você compreenda a pessoa, conseguindo descobrir se elas estão confortáveis, estressadas, ansiosas ou se o que elas afirmam são indentificáveis na maneira que se vestem.

Para o sucesso em time, performance remove obstáculos

Há muitas desvantagens existindo uma barreira entre você e o seu time com que trabalha. É necessário retirar qualquer coisa que obstrua a visão enquanto está havendo uma reunião. Ainda que esteja em um *coffee break*, é fundamental não segurar a caneca de tal forma que bloqueie a visão com os outros colegas, criando uma distância entre vocês. Uma pessoa que segura a caneca de forma que esta esteja bem alta, acima do peito, indica provavelmente que está se sentindo insegura. É importante ter suas canecas no nível da cintura, de modo que tenha uma confortável interação com os outros.
Quando apresentando um trabalho para um grupo, levante-se. Isso potecializará o engajamento deles. Você pode também engajá-los caso precise, observando o comportamento deles como:

Cabeça voltada para baixo.

Mãos pegando a roupa ou mexendo na caneta.
Os olhos fechados, ou olhando para alguma outra coisa.
Começar a rabiscar ou escrever.
Sentar na cadeira de maneira desajeitada, afundada.

Ao perceber que uma pessoa não se encontra atenta, você pode trazer o foco dela de volta simplesmente fazendo-a uma pergunta pertinente. E enquanto ela responde, garanta que sua linguagem corporal demonstra interesse.

Aperte as mãos para criar um vínculo

Quando iniciar uma conversa com alguém, aperte a mão dela. O contato humano gera vínculos. O tradicional aperto de mão favorece uma impressão positiva com a pessoa a qual você interage, tendo mais chance dela lembrar de você futuramente.

Um bom cumprimento pode fazer você parecer mais amigável e aberto em consideração aos outros. Aperte a mão com a palma virada para cima, indicando sinceridade. A regra vale desde o momento em que você entra em cena. Evite passar a mão na roupa logo após o ato. Após a saudação, se tem alguém, por exemplo, para te guiar até a sala de entrevista, permaneça atrás dela, demonstrando que você respeita e compreende protocolos. Como uma maneira de saudar, todos aqueles que se encontram no gabinete, olhe um a um.

Sorria para dar uma boa impressão

Um sorriso pode fazer você mais acessível, confiável e cooperativo com outros, sendo capaz de estimular também o seu bem-estar. Um sorriso adequado começa a enrugar lentamente seus olhos, iluminando o seu rosto e desaparece devagar. Sorrindo para alguém, você tem grandes chances de receber um outro em troca, e consequentemente, acaba mudando positivamente o emocional da pessoa que retribuiu. Da mesma maneira que é uma poderosa linguagem corporal, pode ser também interpretado de várias perspectivas, como sendo honesto ou ao mesmo tempo sarcástico, falso ou cínico.

Uma maneira de avaliar uma expressão corporal, é concentrar-se nos sinais labiais:lábios pressionados, podem ser um indicador de desaprovação, desconfiança ou desgosto. Morder os lábios indicam preocupação, estresse ou ansiedade.Cobrir a boca sugerea tentativa de esconder um entusiasmo, podendo estarcobrindo para evitar mostrar um sorriso. Pequenas mudanças na boca também podem ser indicadores do que a pessoa está sentindo. No ponto em que a boca está ligeiramente voltada para cima, pode implicar que o indivíduo está se sentindo otimista ou feliz. No ponto em que a boca está levemente virada para baixo, pode ser um indicador de desaprovação, tristeza ou mesmo uma careta.

Expressão Espelho e postura para demonstrar consentimento

Quando uma pessoa ou companheiro de trabalho copia sua linguagem corporal, isso significa que o indivíduo está de acordo com suas decisões ou palavras.É uma importante expressão para se ter em mente, pois pode ajudá-lo a assumir uma relaçãode reciprocidade para coma pessoa com quem você está interagindo.

É interessante observar o modo como um casal afetuoso se relaciona. Você verá que as posturas dos cúmplices serão coordenadas, como se um fosse o reflexo espelhado do outro. Por exemplo, na chance de que um cúmplice envolva um braço sobre as costas de um assento, isso pode ser repetido na posição do outro indivíduo. Se um do casal franze a testa, isso pode ser refletido na expressão facial do outro. Este "espelhamento", mostra aprovação e interesse entre as pessoas.

Ganhe poder em uma conversa usando as mãos

"Área de Broca" é a parte do cérebro humano responsável pela linguagemde expressão. A região é ativada quando você fala ou quando também movimenta as suas mãos. Gestoscom as mãos potencializam a capacidade de pensar, melhorando sua verbalização e sendo benéfico para construir sentenças com uma linguagem mais apropriada.
Sentimentos de inadequação ou nervosismo podem ser percebidos instantaneamento nos seus gestos, podendo ser mal interpretados ou muito distrativos. Por exemplo: braços cruzados tendem a significar que você está discordando, interrompendo a pessoa, ou querendo proteger. Mãos cruzadas na frente, abaixo da cintura, indicam timidez,

fraqueza. Mãos nos quadris sugerem algo parental, condescendente, ou até arrogante. Mãos nos bolsos levam a pensar que a pessoa está nervosa.No caso em que seja sua intenção parecer nervoso, arrogante, condescendente, protetor ou fraco à luz do fato de que seu discurso o exija, nesse ponto utilize esses gestos, mas faça isso com motivo!

Para saber a verdade, observe os pés das pessoas

As pessoas geralmente focam na expressão facial, nas mãos ou gestos com braços enquanto estão tentando controlar a linguagem corporal. Elas esquecem de dar ênfase também nas pernas, sendo a parte do corpo onde consegue-se perceber a mentira. O movimento dos pés agitadamente é resultado de um sentimento de nervosismo ou ansiedade.

Observar corretamente os pés das pessoas permitirá que as avalie com sucesso. No geral, os pés ficaram se mexendo constantemente, brigando, enrolando-se um contra o outro. É possível que até você, ao longo de sua vida, já tenha sido vítima devido aos gestos com os pés.

Cruzando as pernas e as mãos

Cruzar as pernas, no geral, terá sempre a perna dominante por cima. Enquanto uma perna sobre a outra pode demonstrar uma atitude reservada e fechada, no geral, não é essa a intenção. É um comportamento que tem muito mais a ver com conforto e hábito. Em um assento desconfortável sem apoio para os braços, por exemplo, pode ser mais vantajoso sentar em posição cruzada e colocar as mãos nas coxas.

Você deve evitar cruzar as pernas ou as mãos quando em uma palestra, aula ou conferência. Pessoas que fazem isso tendem a esquecer o que ouviram. É importante prestar atenção nisso enquanto conversa com alguém, pois assim, perceberá quem está interessado ou não nas suas palavras.

Nossa mente inconsciente raramente trabalha racionalmente ou,para ser mais exato, ela trabalha de maneiras que não pareçam ser racionais para nós. Algumas vezes, cruzar as pernas parece uma abordagem insensata e insuficiente para esconder os órgãos genitais. No ponto em que uma pessoa se sente em grande parte defensiva, ela pode cruzar as pernas e os braços e, desta maneira, obtém um sentimento de proteção completo, já que todos os seus órgãos frágeis ventrais estão cobertos. Este gesto é tipicamente visto em uma pessoa que se sente inaceitável ou ansiosa.

Algumas vezes, quando as pessoas estão se sentindo um tanto defensivas, elas não cruzam completamente as pernas na posição em pé. Em vez disso, elas basicamente cruzam um pé sobre o outro enquanto o pé deslocado repousa sobre os dedos dos pés.

Tensão corporal

Tensão corporal pode mexer com muitas estruturas no corpo, sendo efetivamente descoberta quando nos sentamos. Quando nessa posição, de maneira tensa, ficamos sem controle do nosso corpo, e perdemos todo o sentido de direção. Inconscientemente, você emana uma energia negativa e nada favorável.

Para dominar uma conversa, mantenha a sua voz perfeita

Você precisa verificar a sua voz antes de atender um importante telefonema ou for fazer um discurso. Sua voz deve estar no tom ideal, certificando-se de que não está aumentando o tom no final de cada frase, como se estivesse fazendo uma pergunta ou procurando apoio. Você deve começar a sua fala com um tom normal, um pouco mais elevada no meio do discurso e novamente normal no final. Este procedimento é conhecido como "Arco Autoritário".

A decisão, vontade de transmitir a mensagem e inflexão constituem o nosso tom de voz. Um tom seco, vigoroso ou áspero infereraiva, enquanto um tom de voz suave e sutil sugere prazer ou deleite. Inflexão é a melodia e o movimento da sua voz, o baixo e o alto. Falando de maneira monótona você demonstra zero entusiasmo no que está dizendo.

A inflexão da voz e a acentuação que colocamos em palavras específicas podem mudar o significado de nossas sentenças. Portanto, pense nos pontos-chave que você está considerando e projete seu tom e sua inflexão para acentuar esses pontos. Caso esteja com dúvida de como você deve falar ou pronunciar as palavras, procure igualar a sua voz com a da pessoa com quem você está tendo uma conversa. Ao falar, prefira mudanças graduais e sutis, ouvindo o seu tom e inflexão bem como também buscando entender o da outra pessoa. Esteja atento à sua postura, atenda o telefone instantaneamente, dê uma saudação sincera e calorosa, fale claramente e gentilmente, não descontraia. Sente-se direito!

Conclusão

Observando e dominando estas expressões corporais destacadas neste artigo, você verá uma grande melhoria na sua vida. Compreendendo as ações não verbais das pessoas, você pode ter total domínio do impacto que isto venha a causar.

Parte 2

Introdução

Charlie Chaplin, Buster Keaton, de fato, todos aqueles maravilhosos astros do cinema mudo não tinham outros meios de comunicação além de sua linguagem corporal e expressão facial. Exceto, claro, pela ocasional bolha de texto.
Ainda assim, eles poderiam transmitir qualquer mensagem que precisassem. Eles poderiam contar uma história inteira sem dizer uma só palavra.
Eles usavam essas expressões de forma evidentemente exagerada para que o público não tivesse dúvidas quanto à mensagem sendo enviada. A responsabilidade era somente deles por fazer um bom trabalho
Na vida cotidiana, para a conversação e a comunicação, a linguagem do corpo é muito mais sutil. Portanto a responsabilidade recai sobre o leitor em decifrar corretamente o que não está sendo dito.
Muito antes do cinema mudo, a comunicação não verbal era uma

importante ferramenta de sobrevivência. A mensagem de afeição a agressão, e tudo o mais entre esse intervalo, era transmitida tão somente pelo uso desse método. Seríamos especialistas em ler o menor sinal de outros humanos.

Uma vez que começamos a falar, a habilidade se tornou cada vez menos usada e enfadonha, até o ponto de hoje em dia ser geralmente reconhecida somente em um nível inconsciente.

Este livro visa ajudá-lo a reafiar tais habilidades, e trazer a linguagem corporal de volta ao domínio consciente.

Usando a observação para ver mais uma vez o que nos é dito por outra pessoa.

Para trazer de volta sob nosso controle os nossos sentimentos instintivos sobre outras pessoas e o que elas estão realmente tentando nos dizer.

Pratique procurando por sinais e indicadores e use as informações contidas neste livro para se colocar no comando.

Certifique-se de que esteja enviando as mensagens corretas para outras pessoas, pelo uso de seu próprio corpo para melhor afetar as situações, e também como você é percebido por aqueles ao seu redor.

Comunicação não verbal

Trata-se de tudo o que informamos aos outros sobre determinada situação, nosso estado emocional e nossa intenção, sem ser através das palavras que dizemos.
Tem tudo a ver com as mensagens que transmitimos aos outros, bem como que os outros transmitem para nós, via linguagem corporal, gestos, expressão facial e a inflexão no tom das vozes.
Todas as coisas que comunicamos uns com os outros em um nível primário, exceto as reais palavras que saem de nossas bocas.
Então, como é que essas mensagens chegam a todos nós?
Um colossal cinquenta e cinco por cento da projeção e recepção de mensagens se realiza tão somente através da linguagem corporal.
Trata-se de nossa perspectiva, nossa proximidade com os outros, bem como os nossos movimentos, postura, posicionamento de nossos pés e também nossas mãos.

Tais quais as posições corporais são nossas expressões faciais e as mudanças que ocorrem em cada uma delas em resposta a vários estímulos.

Nós as chamamos de expressões porque elas são uma mostra visível exterior da emoção invisível sendo experimentada por uma pessoa.

No topo de tudo isso existem as microexpressões. Uma microexpressão é o mesmo que qualquer outra expressão facial, exceto pelo fato de sua ocorrência acontecer em uma fração de segundo.

Elas acontecem sem que nem mesmo as percebamos. As microexpressões são respostas inconscientes completamente honestas nos dizendo o estado emocional de um sujeito sem qualquer interferência consciente.

As microexpressões são geralmente 'mascaradas' em meio segundo. A menos, claro, que a pessoa não tenha nada a esconder!

E o seguinte que vem à tona, em se tratando de como dizemos algo a outro ser humano, é o nosso tom de voz o qual constitui mais trinta e oito por cento da comunicação.

No total, inacreditáveis noventa e três por cento de nossa comunicação não tem nada a ver com o que realmente dizemos.

Se você tiver feito os cálculos corretamente, perceberá que são deixados escassos sete por cento de comunicação para o que estamos realmente dizendo.

Isso nos leva à suposição natural de que a parte menos honesta de qualquer comunicação é composta, de fato, pelas palavras verbalizadas reais!

No futuro, quando tiver uma conversa com alguém, lembre-se desses números e não seja levado a acreditar no que lhe é dito.

Usando a mesma lógica, lembre-se de se apresentar adequadamente aos outros. Os sinais que você envia são recebidos de igual maneira em um nível inconsciente pelos outros.

Você que é pai ou mãe saberá instintivamente que os números acima estão corretos. Você conhece seus filhos tão bem que poderá sentir se eles tentarem lhe dizer algo que não seja verdade.

Você sabe quando eles estão desconfortáveis ou felizes. Eles não precisam dizer, pois você sente isso.

O que na verdade está acontecendo é que você está confiando na comunicação não verbal sem ao menos perceber.

Pelo fato de recebermos esses sinais não verbais em um nível inconsciente, eles às vezes confundem inclusive nós mesmos. Frequentemente comentaremos que podemos gostar ou não gostar de certas pessoas quando mal as conhecemos, ou mesmo quando as encontramos pela primeira vez.

Essa leitura instintiva é boa, mas pode ser facilmente obscurecida, especialmente se você estiver lidando com um mentiroso consumado que é muito hábil em mascarar suas emoções.

Observe os políticos. Eles são humanos, mas quando se comunicam conseguem astuciar suas expressões e movimentos corporais para projetar o que querem projetar. Se quiser ver o que um político realmente pensa, você terá que se tornar um mestre na leitura da microexpressão!

Ainda sobre o tema dos políticos, vale a pena mencionar isto sobre a comunicação verbal: embora seja responsável por apenas sete por cento de toda a comunicação, políticos, vendedores e todos os tipos de pessoas semelhantes sabem muito bem como usar a comunicação verbal contra nós.

Em um esforço para maximizar sua influência, eles usam padrões de linguagem que são subliminares. Usam o que chamamos de comandos embutidos para influenciar nosso pensamento. Então cuidado com esses escorregadios b*st*rdos.

Depois de ler este livro, sugiro que você dê uma olhada nas imagens de Richard Nixon nos últimos dias de sua Presidência dos Estados Unidos.

O que ele diz se mostra completamente em desacordo com sua linguagem corporal e suas microexpressões. Ele perdeu tudo e se esqueceu de si mesmo. Está confiando apenas em suas palavras e o resto dele se apresenta em total desacordo.

Veja quantas vezes ele mostra a língua para o povo americano, bem como faz a língua do tipo 'eu tenho um segredo' durante esses discursos e entrevistas.

Se quisermos aproveitar ao máximo a leitura de comunicações não-verbais, então precisamos fazer um esforço consciente para decifrá-las.

Quando fazemos um esforço consciente acertado para ler esses sinais, evidencia-se um incrível aumento do entendimento das mensagens que estão sendo gritadas pelos outros.

Imagine que uma vez que que tenha aperfeiçoado suas habilidades de leitura não verbal para ser uma segunda natureza, então a leitura de outras pessoas se tornará instintiva. Você terá o mesmo sentimento sobre os outros, assim como faz com seus filhos ou com outras pessoas que lhe sejam particularmente próximas, tais como amigos, vendedores ou colegas de trabalho. Nunca será enganado ou passado a perna novamente.

Antes de passar para as 'leituras' ou 'dizeres' atuais, como são chamados, vamos conhecer alguns antecedentes e então poderemos olhar para o que você precisa fazer para poder ver as coisas mais claramente, a fim se tornar um especialista na leitura de comunicação verbal.

Também a partir de agora, neste livro, vou me referir a 'sujeitos' e 'leitores'. O leitor é você e seu sujeito é a pessoa cujas comunicações não verbais você esteja tentando decifrar.

Congruência

É a correspondência entre o que nosso corpo 'diz' ou projeta, o que transmitimos como mensagem, e o que dizemos verbalmente.
Todos os três deveriam externar a mesma ideia.
A harmonia da mensagem faz com que os outros se sintam confortáveis e seguros, e nós sentimos o mesmo quando testemunhamos essa congruência. A congruência na comunicação é a chave para a confiança e a sintonia.
A congruência também pode ser uma leitura somente visual. Por exemplo, os sinais do corpo correspondem com a expressão no rosto? O corpo poderia estar em uma postura agressiva e a expressão facial serena.
Se esse é o caso, você pode ter perdido uma dita microexpressão de agressividade que foi subsequentemente coberta por uma expressão facial deliberadamente realizada, talvez para atraí-lo sob falso pretexto.

Sempre que nos comunicamos, procuramos congruência para reforçar a palavra falada.

Incongruência

O oposto de congruência.

O descompasso do que é projetado pelo nossos sinais corporais com o modo como estamos dizendo algo e também com o que é realmente dito. Incongruência é desconforto.

Mencionei brevemente o mascaramento no capítulo anterior; Mascarar é o ato de literalmente esconder nossos verdadeiros sentimentos. Nós deliberadamente usamos posturas e expressões faciais para retratar um falso estado emocional.

Uma coisa sobre o mascaramento é que geralmente causa incongruência porque está em conflito com o sentimento genuíno do sujeito. Algumas pessoas são boas nesses mascaramentos, como nossos políticos mencionados anteriormente, por exemplo.

Há algo muito importante a ser lembrado sobre o mascaramento em relação à expressão facial.

É que o mascaramento ocorre após uma microexpressão e não antes. Assim, um verdadeiro estado emocional será visível por uma fração de segundo antes do mascaramento.

Um sujeito que esteja irritado, mas não quer deixar transparecer, mostrará um sinal minúsculo dessa ira bem antes de mascará-la com um sorriso desarmante.

A mente

O modo como nos comportamos é governado pela nossa mente ou deveria dizer mentes.

Existem as coisas que escolhemos fazer a qualquer momento. Esse comportamento é controlado pela mente consciente.

A concentração e a tarefa orientada aplicam todo o seu poder de pensamento para alcançar seu objetivo. A mente consciente só pode manter um pensamento por vez.

Então, existem as coisas que fazemos habitualmente. Esses hábitos são controlados pelo inconsciente. Uma vez que tenhamos realizado uma tarefa com frequência suficiente de maneira consciente, nós nos tornamos proficientes na mesma. É atribuído ao inconsciente como um hábito aprendido, e então o fazemos automaticamente. Hábitos podem ser bons ou ruins.

Assim, aprendemos a dirigir um carro fazendo um esforço consciente nos primeiros dias e, depois de passado um certo tempo e com a experiência adquirida, o inconsciente toma conta das partes mundanas do serviço. Se alguma vez trocou de carro, pode ter experimentado seus hábitos inconscientes trabalhando contra você.

Quando começa a dirigir seu novo carro, você está tão acostumado a dar um peteleco no indicador de farol ou ligar a seta em um lado da coluna no carro antigo, que você continua tentando fazer o movimento por algum tempo, ainda que estejam do outro lado da coluna no seu novo carro.

Na verdade, às vezes, há um discreto pânico quando tentamos ligar a seta e a alavanca não está no lugar ou, o que é pior, os limpadores são acionados!

Nesse ponto, temos que manter nossa concentração por um segundo, enquanto descobrimos por que o inconsciente está alarmado.

Maus hábitos são formados exatamente da mesma maneira. Pergunte a qualquer fumante.

Inicialmente, devido à pressão dos colegas ou por alguma outra razão, um esforço consciente teve que ser feito para acender e suportar o gosto repugnante na boca e as sensações de náusea ou tontura.

Uma vez que a tarefa tenha sido executada suficientes vezes, ela se torna automática e, pior ainda, vinculada a outras atividades. Então você vê que o inconsciente opera o tempo todo, mas não está necessariamente funcionando em nossos melhores interesses.

Finalmente, existem as coisas que fazemos instintivamente, coisas sobre as quais não temos controle de forma alguma. Essa mente instintiva é a parte que controla nossas comunicações não verbais.

É o que cuida dos fundamentos tais como respirar. Coisas que nos mantêm vivos como acontece com um animal. Uma das maneiras pelas quais a mente sempre nos manteve vivos e saudáveis é através da proteção de ameaças. Ela realiza ações instintivamente.

Há muito tempo, para nossos ancestrais, as ameaças eram muito severas e muito reais, pois havia predadores em todos os lugares. Esta parte ancestral ou límbica do nosso cérebro é construída em mecanismos de defesa automáticos para lidar com a sobrevivência.

Esta parte do cérebro só lida em dois campos absolutos, que são o medo e o prazer. Ela pensa em preto e branco.

Sempre que sentimos medo ou prazer, o cérebro límbico ou ancestral reage instantaneamente através de sinais não verbais. Os não verbais não mentem, eles simplesmente não têm tempo para isso. Eles são imediatos e 'instintivos'.

Para entendê-los um pouco melhor, precisamos entender os fundamentos herdados de nossos ancestrais.

Você provavelmente já ouviu a expressão lutar ou fugir. Bem, essa é apenas metade da história, pois estes são os dois últimos recursos. E existem outras ações que ocorrem antes de chegarmos aos últimos recursos.

O que realmente acontece no momento em que existe uma situação assustadora ou preocupante é que quando a identificamos, tendemos a nos congelar, então nos preparamos para escapar ou fugir e, finalmente, reagir e lutar. Isso é tratado em detalhes a seguir.

Mecanismo de sobrevivência inconsciente

SUSTO
CONGELAMENTO
FUGA
LUTA

Primeiro.

Existe o susto, em termos ancestrais, quando alguém avista um predador na vegetação rasteira; nos tempos modernos, poderia ser qualquer coisa que cause um choque. Um barulho alto ou um movimento repentino podem causar esse instinto de susto.

Segundo.

O congelamento, que é o instinto de tentar se tornar invisível. A maioria dos predadores é atraída pelo movimento. Se ficarmos 'perfeitamente imóveis', como Jeff Goldblum foi aconselhado a permanecer em Jurassic Park, o predador não nos verá. Precisamos ficar congelados até que o perigo tenha passado.

Terceiro

O modo de Fuga. Quando o perigo é próximo e imediato, quase literalmente escapamos em uma tentativa de colocar a maior distância possível entre nós e a ameaça.

Quarto

Quando todas as outras opções estiverem esgotadas, viramos de frente para o nosso atacante e lutamos. Ou pelo menos nos preparamos para isso.

Hoje em dia, geralmente, não temos que nos preocupar com bestas selvagens e, assim como essa ameaça foi diluída pela sociedade moderna, também diluída ficou a nossa necessidade de usar os mecanismos de susto, congelamento, fuga e luta.

Em vez de medo e prazer, é mais provável que encontremos conforto ou desconforto diariamente.

As reações são praticamente as mesmas, exceto pelo fato de que essa incitação inicial pode ser qualquer coisa que nos deixe desconfortáveis.

Portanto o susto inicial é agora modificado por qualquer coisa que nos faça sentir desconfortáveis. Os estímulos podem ser internos bem como externos. Assim sendo, podemos inclusive pensar que vimos ou ouvimos algo que cause essa reação intestinal.

Durante essas versões minguadas da reação de congelamento, podemos realizar um congelamento total do corpo ou, mais provavelmente, uma versão modificada como um congelamento parcial, e em vez de esperar que o perigo passe como no caso de nosso predador, podemos realizar somente um micro congelamento.

Isso pode até mesmo ser realizado na forma de uma expressão facial, como o congelamento de uma boca aberta. O congelamento nos dá tempo para recuperar e avaliar a situação, e se as coisas estiverem bem, então seguimos em frente.

A próxima etapa no processo também se modificou da fuga completa do predador para o estar preparado para fugir; podemos evidenciar essa intenção de várias maneiras. O distanciamento é o modo mais comum de se manter afastado, mas até mesmo uma inclinação do corpo para trás se converte em uma tentativa de nos distanciarmos da 'ameaça'. O mesmo pode ser dito, com relação a tentar se afastar, pela maneira como posicionamos os pés e, até mesmo, em algumas ocasiões, por ações simuladas de caminhar ou correr seja arrastando os pés ou movimentando as penas no mesmo lugar.

Finalmente a luta. Conforme a tendência, uma ação que apresenta bem menos agressividade para se adequar ao comportamento socialmente aceitável atual. Observe quando as pessoas se tornam bastante chateadas com algum impulso recebido. Elas permanecerão firmes, inchando seus corpos, como um grande e velho gorila de costas prateadas. Geralmente, de novo, os pés podem dar alguns chutes em uma ação simbolicamente agressiva.

Quando estamos relaxados e satisfeitos ou os impulsos recebidos são agradáveis, tudo sobre nossa linguagem corporal e expressões permanece, de igual maneira, relaxado.

Assim, podemos ver que o equivalente moderno de medo ou felicidade, é realmente conforto ou desconforto. E uma vez que saiba o que procurar, você se tornará um especialista em ler o estado emocional de todos com os quais interage. Interessantemente, os estímulos e nossas reações não são necessariamente exibidos como semelhantes em um contexto sensorial.

Por exemplo, podemos muito bem cobrir nossos ouvidos para não ouvir algo desagradável, mas é mais provável que fechemos nossos olhos com força para bloquear e evitar ouvir más notícias.

Você já viu alguém fechar os olhos com força e proclamar 'não me diga, pois não quero ouvir', até mesmo levantando as mãos como uma barreira contra a notícia. Isso pode estar ligado à forma como a pessoa processa as informações, conforme discutido a seguir.

Linguagem interna

Outra maneira que pode lhe ajudar a construir a conexão e se comunicar eficazmente é a capacidade de falar a mesma língua que o sujeito. Com isso não me refiro a falar o mesmo dialeto, e sim a uma comunicação de tal maneira que ele o entenda.

Se leu algum de meus outros livros, você terá conhecimento sobre dicas de acesso visual, e sobre a teoria dos lados direito e esquerdo do cérebro. Para aqueles que não leram, as informações estão descritas abaixo. Os olhos nos mostram como uma pessoa processa informações, e essas dicas são muito precisas.

O lado direito do cérebro é o lado criativo e o lado esquerdo é o lado lógico onde as memórias são também mantidas.

Se fazemos um pergunta a uma pessoa e ela olha para a direita, evidencia-se o sinal de que está tentando imaginar alguma coisa. Se ela olha para a esquerda, então está se lembrando.

Assim como essa dica sobre direita e esquerda, precisamos também saber que as pessoas pensam de três diferentes maneiras.

Visual Auditiva Cinestésica

Os pensadores visuais tendem a olhar para cima quando estão ponderando. Os tipos auditivos mantêm os olhos nivelados e os que olham para baixo pensam em termos de sentimentos e emoções.

Então, se você tivesse uma conversa com um tipo visual de pessoa, ela poderia usar termos como 'oh, sim, posso ver o que está dizendo'. Obviamente ela não pode realmente ver o que você está dizendo, tal qual ela pensa.

Uma pessoa auditiva poderia dizer coisas como 'escuto de onde você está vindo'.

Por fim, o tipo cinético, que é um pensadores tátil e emocional e usa termos como 'eu gostaria de controlar a situação'.

Quando estiver lidando com os vários tipos, use a linguagem que melhor lhes convém e você se dará muito melhor.

Ao se colocar todos os sinais juntos, de acordo com a direção indicada pelo ponto de vista do sujeito, teremos algo parecido ao que se segue.

Olhando para cima e para a direita
Indica que o sujeito está tentando imaginar uma imagem em sua mente.

Olhando para cima e para a esquerda
Novamente, acessando a mente, mas desta vez para recordar memórias.

Olhando para a direita

Significa que está tentando evocar sons em sua mente.

Olhando para a esquerda
Está recordando ou tentando se lembrar de sons.

Para baixo e para a direita
É uma tentativa de imaginar uma emoção ou sensação física.

Para baixo e para a esquerda
Lembrando uma emoção ou estado físico.

Essas dicas de acesso aos olhos são elaboradas para pessoas destras. No entanto não se pode, para pessoas canhotas, simplesmente ser usada essa sugestão exclusivamente da maneira contrária. Alguns canhotos também olham para a direita com o fim de imaginar e se lembrar das coisas.

Zona de conforto

Nosso espaço pessoal é muito importante para nós. A proximidade dos outros, juntamente com o relacionamento que temos com eles, tem relevância em nossas respostas.

Por exemplo, se o seu cônjuge permanece a poucos centímetros de você, por ser bastante natural não haveria problema algum, e sua linguagem corporal permaneceria relaxada ou neutra.

Se, no entanto, uma pessoa totalmente estranha se mantivesse assim tão próximo, as respostas seriam vastamente diferentes.

No campo da psicologia é geralmente aceito que existem quatro espaços nos quais interagimos uns com os outros. Esses espaços são conhecidos como zonas de comunicação.

1 / Espaço público
2 / Espaço Social
3 / Espaço Pessoal
4 / espaço íntimo
Público.

Este espaço é qualquer coisa acima de três metros e sessenta centímetros longe de nós. A essa distância não estamos realmente interagindo com ninguém em um nível pessoal. Se víssemos alguém com quem quiséssemos conversar, precisaríamos chamar a sua atenção e nos deslocar em sua direção. Em contrapartida, poderíamos apenas e com facilmente evitá-lo completamente.

Do ponto de vista da sobrevivência e da nossa resposta instintiva, se o perigo se apresentasse a essa distância, quase certamente nos congelaríamos enquanto medíamos o nível de ameaça ou até que o perigo passasse.

Espaço social.

Dos nossos três metros e sessenta centímetros originais, até um metros e vinte centímetros. Essa é a área em que atividades sociais normais acontecem em uma reunião de jantar ou em um grupo de amigos que se divertem em um bar. A comunicação pode ser qualquer coisa desde trocas cordiais até conversas amigáveis.

Olhando agora para esse cenário do ponto de vista da sobrevivência. Se o perigo se apresentasse nessa área, certamente nos congelaríamos e provavelmente consideraríamos nossas duas opções de fugir ou lutar.

Espaço pessoal

Este é de cerca de um metro e vinte centímetros descendo até algo muito perto de quarenta e cinco centímetros longe de nós.

Esta área é reservada para amigos e outros indivíduos de confiança. Nesta área, estaríamos interagindo e talvez tendo alguma forma de contato físico, como um toque no ombro.

Uma exceção a isso seria durante uma apresentação, quando um aperto de mão seria o mais apropriado. O ambiente geral deveria ser considerado seguro ou, caso contrário, o aperto de mão não aconteceria.

Sobrevivência: se um perigo se apresentasse nesta área de espaço pessoal, a fuga definitivamente aconteceria mesmo se correr fosse um ato fútil. Nosso cérebro límbico simplesmente não permitiria qualquer outra resposta. Se nossos ancestrais se deparassem com um predador a essas distâncias, eles correriam, se tivessem tempo, na direção oposta sem hesitar. É claro que, devido ao congelamento inicial, essa distância poderia significar um desastre de qualquer maneira.

Espaço íntimo

Esta área é reservada para cônjuges, familiares e amigos mais chegados. A essa distância, em qualquer lugar a menos de quarenta e cinco centímetros, as interações são íntimas conforme enuncia o título. Este espaço é reservado para abraços, beijos e afins.

Sobrevivência nesta área particular é algo como uma tentativa derradeira. Então, como pode ver, nosso ancestral imaginário se deparando com o perigo a esta distância não teria outra opção a não ser lutar, uma vez que já havia sido encurralado.

Interessantemente, há exceções também para isso. Essa exceção é a 'multidão'.

Se estamos em um trem lotado, em um elevador ou em um teatro.

Somos forçados a entrar no espaço íntimo um do outro. Aqui, as sutilezas sociais têm precedência.

Nessas circunstâncias, fazemos gestos e sons abertos uns para os outros, e aceitamos momentaneamente que a invasão do espaço é necessária para o bem maior e que é apenas temporária.

O objetivo da polidez é mostrar que não seremos uma ameaça e, em contrapartida, desarmarmos a outra pessoa ou pessoas.

Um dos lugares onde é divertido assistir à invasão do espaço íntimo é justamente em uma fila. Aqui os indivíduos estão conscientes de não infringir com o excesso de proximidade, ao mesmo tempo em que não querem permanecer muito para trás e serem considerados fora da fila.

As expressões faciais em filas já seriam um excelente material para um estudo bastante divertido. Da próxima vez que vir uma fila, observe as expressões de preocupação das pessoas bem como suas observações sobre os outros.

Vale lembrar sobre esta relação entre zonas de conforto e as respostas do susto à luta. Como pode ver, a proximidade afetará sobremaneira as reações e o nível dessas reações.

Outro ponto que deve ser levado em conta é que não apenas a proximidade causa uma maior resposta, mas também que nosso próprio comportamento pode e irá afetar a resposta daqueles que estamos tentando ler.

Se formos um pouco intensos demais em nossa observação, o sujeito provavelmente perceberá e seus sinais não verbais mudarão como parte de seus mecanismos de defesa.

Isso também levará à incongruência, especialmente se ele estiver se sentindo desconfortável.

Sempre seja tão neutro quanto possível.

Uma das coisas que os pais aprendem a fazer é serem neutros e até mesmo parceiros de seus filhos. Não sendo assim, nunca ouviriam a verdade.

O questionamento ou a observação agressivos causarão desconforto, não importa o que seja, e também criarão a não cooperação por parte do sujeito seja consciente ou inconscientemente.

Dizeres

Esta é a palavra usada em círculos não verbais para descrever a reação sendo lida pelo observador. O que a pessoa está nos dizendo com sua linguagem corporal ou outras comunicações não verbais?
Nós também as chamamos de leitores, que é a mesma coisa de modo inverso. Então, em vez de sermos informados sobre a mensagem, nós estamos lendo a mensagem. Assim, ao longo do livro, quando me refiro a dizeres e leitores, seus significados são efetivamente a mesma coisa de uma perspectiva diferente.

Leitura

Em primeiro lugar, há um estímulo ou entrada. Isso pode vir na forma de uma pergunta, uma declaração, uma visão, um som ou qualquer coisa realmente.

Depois, há a reação por parte do sujeito. É na reação que a coisa fica interessante, pois ela vem em muitas formas e com diferentes significados, como veremos ao longo deste livro. Esta reação inicial será na forma de uma microexpressão ou micro movimento. Ou uma reação de intenção ou uma dica.

Em terceiro lugar, uma de duas coisas acontecerá. Assim, ou a microexpressão se converte em uma expressão completa ou movimento ou postura ou o consciente assume o controle e cobre a microexpressão (verdadeira) com uma que o sujeito deseja projetar. O mascaramento.

A última coisa a acontecer, especialmente se o estímulo é visto como desagradável, será o confortador.

E estamos de volta aos campos do instinto novamente. Os confortadores acontecem novamente em tempo real inconscientemente e com frequência, como acontece com as microexpressões, e podem desaparecer em um segundo se o consciente se se der conta do movimento e o mascará-lo.

Às vezes mais uma coisa acontece. Se a pessoa se safar ou se achar que se safará, ela mostrará a língua para você. Muito literalmente, novamente, será uma micro mostra da língua, mas assim será.

Prática

Há apenas uma maneira de aperfeiçoar essas habilidades e se tornar um especialista em leitura linguagem corporal e isso é prática. Comece a praticar assim que ler o livro. Estude as pessoas na rua, em cafeterias, em bares, absolutamente em todas as partes. Procure primeiro por coisas muito evidentes. Coisas que são fáceis de ver.

Assistir pares de pessoas conversando e vendo seus níveis de conforto através de seus corpos não é tarefa muito difícil, porque você pode olhar para o quadro como um todo. Não siga direto do livro para um interrogatório aos membros de sua família e amigos.

Outra excelente maneira de praticar é assistir a um dos chamados programas de relacionamento na TV. Daqueles em que são apresentados testes de paternidade de ADN e testes de detecção de mentiras para flagrar cônjuges que traem, etc.

Apenas assista com o som baixo e faça algumas anotações sobre o que acha que as pessoas no palco estão sentindo. Então assista com o som alto e você pode se surpreender que tenha previsto corretamente as emoções gerais que estão sendo exibidas.

Peça aos seus amigos para ajudá-lo. Faça com que respondam a meia dúzia de perguntas para você. Diga a eles que respondam corretamente cinco vezes e que mintam uma vez. Certifique-se de que não seja algo que você já saiba a resposta.

Faça isso repetidamente e, eventualmente, você começará a ver os pequenos brindes.

Se estiver tentando determinar as microexpressões uma a uma, então você precisará tirar uma foto enquanto entrega o estímulo e se referenciar o que você viu. O problema é que a expressão dura um período tão curto de tempo, e você é atraído a ler um período de tempo maior. Assim que tire uma foto da reação e até mesmo desvie um pouco o olhar se precisar.

Além disso, se você quiser ver o quão são verdadeiras, basta ir a um espelho de corpo inteiro e imitar as poses e expressões descritas no livro e você verá por si mesmo que são um guia preciso.

Tenha em mente todos os itens acima ao fazer leituras. Você deve saber como a pessoa costuma ser em condições normais.

Linha de base

Embora exista um monte de sinais universais que são facilmente lidos quando se observa as pessoas interagirem socialmente, sempre que ler mensagem não verbal, numa base individual ou de um para um, é essencial estabelecer uma linha de base. Entenda-se com isso, qual é o conduta geral do indivíduo e como ele se comporta em condições neutras normais.

Por exemplo, você provavelmente já ouviu antes que, quando se deparar com alguém com os braços cruzados, isso automaticamente significa que essa pessoa esteja fechada, não receptiva ou até mesmo irritada. Sob algumas circunstâncias isso pode ser verdade, mas há também alguns pessoas para quem esta é uma postura normal confortável.

Isso nos leva à necessidade de ter um ponto inicial de como o indivíduo se comporta sob condições 'normais'.

Precisamos identificar suas pequenas idiossincrasias e, para isso, suas esquisitices mais óbvias. Muitas pessoas têm contorções e movimentos que fazem habitualmente e, sem identificar tais detalhes, você pode ser guiado ao caminho do jardim, especialmente se essas idiossincrasias pudessem facilmente se enquadrar em uma das categorias de indicadores universais que discutiremos mais adiante.

Precisamos determinar os tipos de personalidade. Alguns são tipos nervosos e podem exprimir mensagens não verbais de que algo esteja errado, e alguns podem estar tão relaxados que quase caem para trás.

O truque é procurar por todas essas coisas e, uma vez que tenha essa linha de base de comportamento, procurar por mudanças nos estímulos não-verbais a individuais. Importante, também, que uma coisa sozinha nem sempre é confiável, assim que é melhor obter múltiplos indicadores para ter certeza de que esteja lendo os sinais enviados corretamente.

Você precisa ver reações normais (para o indivíduo) para entradas normais, a fim de estabelecer uma linha de base confiável.

Por exemplo, os acima mencionados braços cruzados como uma posição neutra confortável para algumas pessoas. O que poderia estar sendo dito é que, se a pessoa descruzasse seus braços, seria em reação ao que lhe foi dito ou por algo que observou, etc.

Confortadores

Algo mais a ser mencionado são os aliviadores ou confortadores. Estes são estimuladores de terminações nervosas projetados para criar conforto.

Quando um confortador segue uma reação, isso é um sinal evidente de desconforto. Os aliviadores vêm em todas as formas e tamanhos.

Como eu disse, é o processo de estimular as terminações nervosas, que envia uma mensagem para o cérebro dizendo 'lá estará tudo bem'. Assim sendo, ao esfregar qualquer parte do corpo, com a mão em uma mão, mão no ombro, ou mão em uma perna, uma pessoa evidencia um sinal de que está se consolando. A pergunta é, óbvio, por quê!

Um dos confortadores universais, e quando digo universal, quero dizer que quase todas as pessoas sãs do planeta o fazem, é o estufamento das bochechas e o sopro de ar entre os lábios franzidos depois de uma escapada por um triz ou de um evento emocionalmente carregado. É o efeito 'ufa'.

Outro confortador universal é o auto-abraço. É uma réplica dos sentimentos seguros que nos são dados pelos nossos pais, quais sejam abraços tranquilizadores, abraços alegres e abraços apenas para mostrar amor e afeição em geral. Nós nos abraçamos e nos tocamos visando nos sentir seguros e protegidos.

Para provar que a linguagem corporal é um comportamento natural e instintivo, podemos nos referenciar ao reino animal, porque os animais não fraudam. Quando se trata de estar em perigo, eles realmente confiam e reagem a seus 'instintos animais'.

Qualquer animal que não seja um predador natural, quando assustado, primeiro se congelará e avaliará o perigo, tal qual ocorre com um cervo diante dos faróis de um carro.

Em seguida, ele vai se virar e correr para ganhar a maior distância possível.

Se finalmente estiver encurralado, ele vai se virar novamente e lutará.

Quanto ao fato de se confortar, observe seus próprios animais de estimação. Eles se lambem, pois isso faz parte da rotina de limpeza e higiene, mas é também um processo para se sentirem seguros.

Eles estão de fato replicando as condutas das mães os lambendo quando eram jovens, e isso os faz se sentirem seguros. Particularmente, observe-os quando estiverem doentes, uma vez que, independentemente da causa do seu estado, eles se lamberão constantemente.

Mudanças universais.

Em meus outros livros sobre hipnose, você vai ler que uma mudança no estado emocional muda o corpo físico e vice-versa. Então, o que acontece na cabeça e no coração afeta o corpo.

Analisamos os comportamentos universais, agora é o momento de olharmos para as mudanças universais de comportamento que significam não apenas se o estado emocional do sujeito mudou de maneira positiva ou negativa,

mas também qual o grau em que essa mudança emocional ocorreu.
Então, quando você vir o sujeito passar de um dos estados abaixo para outro, saberá que houve uma mudança.

Para cima é bom

Confiante, contente ou confortável. Quanto mais para cima, mais felizes, e melhor estaremos nos sentindo, independentemente da situação individual. Isso se relaciona com mãos, braços, pés, cabeça, ombros e até mesmo com todo o nosso corpo.
Gestos de levitação de qualquer tipo são polegares psicológicos para cima, haja vista que até mesmo polegares para cima são um sinal positivo.

Para baixo é ruim

Falta de confiança, baixa auto-estima, medo, desconforto. Quanto mais infelizes estamos, mais para baixo nos dirigimos. Novamente, você verá que, quanto mais nos sentimos pior, mais nos encolhemos e tentamos minimizar nosso rastro corporal.

Largura

Quanto mais nos comportarmos como 'macho alfa', mais evidenciaremos os sentimentos de confiança, arrogância, e desdém, Não apenas o nosso corpo, nesse caso. Tomar ou ocupar mais espaço é algo que pode ser feito através do uso de objetos como documentos, etc, em uma reunião de negócios.

Grandes movimentos

São movimentos que mostram confiança quando uma pessoa está, por sua vez, confiante. Em uma conversa ela usará suas mãos e corpo inteiro algumas vezes para enfatizar a mensagem.

Pequenos movimentos

Mostram baixa confiança. Quando alguém não está confiante, seu movimento é geralmente pequeno e até mesmo robótico, em algumas ocasiões.

Já foi dito que os mentirosos não usam grandes movimentos expressivos. Isso pode ser verdadeiro ou não. Lembre-se do mantra acima.

Estabeleça sua linha de base e procure por mudanças quando os estímulos são recebidos. Se houver uma mudança marcada, então os estímulos afetaram o estado emocional da pessoa.

Observe as pessoas em um jogo de futebol, quando o time está perdendo e a partida está próxima do fim. Milhares de pessoas estufando as bochechas, esfregando as pernas, e retorcendo as mãos. Pessoas com os rostos enrugados como se estivessem sofrendo dores físicas. Em seguida, seu time marca um gol e evita a derrota. As pessoas pulam, os braços vão para cima, batem os pés e aplaudem. E não estão copiando uns aos outros, pois esses são sinais universais de comunicação não verbal, transmitidos por nossos ancestrais. Isso é coisa tribal e todos nós somos propensos.

Enfeitar-se

Antes de prosseguirmos, eu deveria mencionar algo sobre se enfeitar ou se arrumar. Esse é o ato de se ataviar em uma tentativa de nos mostrarmos com uma boa aparência. Certificando-nos de que nos apresentemos no nosso melhor e estejamos tão atraentes quanto possível para o sexo oposto.

O Topo

Toque na cabeça

O toque da cabeça e do cabelo é um comportamento muito significativo e as mensagens dependem do tipo de toque que é feito.

Conforto

Um conforto óbvio tanto para homens quanto mulheres é o correr dos dedos pelos cabelos. Esta é uma forma evidente de cuidado pessoal. Geralmente é realizado na frente de alguém por quem nos sentimos atraídos.

Um sinal que diz 'não apenas deveria me perceber, mas também saiba que eu sou limpo(a), eu me arrumo e sou saudável. Escolha-me!'

As mulheres também mexem os cabelos, girando rapidamente a cabeça posicionando o queixo para cima e para trás. Esse comportamento é abertamente paquerador. Um sinha que diz 'olhe para mim!'

Desconforto

Empurrar nossos dedos e mãos pelos nossos cabelos em movimentos lentos e deliberados é também feito em momentos de alto nível de estresse.

Nós até chegamos ao ponto de apertar nossa cabeça quando estamos altamente desconfortáveis. Ambas as mãos sobem para os lados de nossa cabeça e nossos

dedos se espalham o máximo possível. É quase como se estivéssemos formando um capacete de motociclista em volta dela a fim de protegê-la de informações desconfortáveis.
Algumas pessoas brincam com seus cabelos; isso pode ser considerado como um hábito, mas é também identificável como um confortador.
Quando você vê alguém com as duas mãos no topo da cabeça, e a cabeça por sua vez pendida para a frente, considere isso um confortador. Pode ser um rápido sinal demonstrado em nosso infame jogo de futebol quando sua equipe perde um gol. Pode ser prolongado.
Se for prolongado, pode ser muitas das vezes a posição de pensamento de arrependimento. Esta posição pode ser mantida por um bom tempo, enquanto a pessoa reflete internamente sobre algum contratempo. Geralmente a pessoa está dizendo, para si mesma, 'por que eu?' ou 'se ao menos eu tivesse...'
Quando se esfrega os cabelos e a cabeça em gestos firmes, contínuos e repetidos

para trás, definitivamente se demonstra a figura de um confortador. Acendendo todas as terminações nervosas importantes tanto nas palmas como na cabeça. Esse gesto é mais comum em homens que em mulheres. Provavelmente decorre do vínculo de homens com homens, pois quando um pai aprova alguma atitude ou é brincalhão com seus filhos, frequentemente esfrega suas cabeças, em vez de abraçar, como uma demonstração de afeto.

Coçar a cabeça, por vezes, pode indicar conflito ou confusão. Geralmente ouvimos falar de um problema difícil como sendo 'uma verdadeira dor de cabeça'. Acompanhado por expressões faciais de pensamento ou confusão.

Os sujeitos costumam brincar com seus cabelos como uma maneira de ajudar o pensamento. Literalmente, tocar o ponto no corpo que está fazendo o trabalho, quase como tentando gentilmente extrair os pensamentos.

Inclinação de cabeça

Inclinar a cabeça nas culturas ocidentais é um sinal universal de concordância.
Quanto mais rápido o aceno, maior o nível de concordância.
Um movimento muito lento pode significar que o respeito é mútuo, mas não necessariamente uma concordância total.
Cabeça inclinada para baixo em deferência, se esta for a intenção, então a parte superior do tronco tenderá a se inclinar ao mesmo tempo. Você poderá ver esse movimento na presença de chefes de estados e afins. Dependendo da importância da pessoa e dos protocolos, esta inclinação de cabeça pode se transformar em um arco completo do tronco.
Cabeça inclinada para baixo em breve reconhecimento, você poderá ver entre os homens de negócios, em uma área em que a distância entre eles não permita a interação rotineira do espaço pessoal.

Cabeça inclinada para cima em reconhecimento similar ao supracitado. Obviamente, a cabeça se eleva em vez de abaixar e é reservada para amigos e conhecidos menos formais.

Inclinação de cabeça em sinal de aprovação ou encorajamento. Pode ser a qualquer velocidade, dependendo das circunstâncias. A expressão facial também deve ser lida.

Balanço de cabeça

O balanço da cabeça é o oposto da inclinação de cabeça e, evidente, indica uma resposta negativa.

Quanto mais rápido o balanço, mais em desacordo está o sujeito.

Um balanço muito lento pode significar que há um sentimento de desdém.

O lapso Freudiano (com a cabeça)

Ocorre quando uma pessoa está dizendo uma coisa e o cérebro instintivo está respondendo exatamente de maneira oposta. Um bom exemplo é quando você está fazendo uma declaração para alguém e essa pessoa nega o que quer que você diga, mas o tempo todo em contrapartida sua cabeça está subindo e descendo inconscientemente. Você pode quase ter certeza de que a cabeça está dizendo a verdade.

O oposto ocorre quando realizamos o lapso Freudiano sem a cabeça. Assim, alguém lhe diz algo que você acha ser falso ou pelo menos discorda. Embora educadamente concordando, sua cabeça se move quase imperceptivelmente para a esquerda e para a direita significando que está apenas esperando que a pessoa termine sua fala, antes de dizer a ela 'sem chance'. Isso pode ser interpretado como indelicado pelo leitor, pois é óbvio que não existe a intenção de conformidade. Na verdade, você já cortou a comunicação dela e não a está realmente ouvindo.

Uma dica aqui, para quando tentar detectar uma aparência falsa em meio a várias demonstrações, bem como confortadores. Algumas pessoas simplesmente acenam com suas cabeças quando são solicitadas a confirmar se estão assimilando as informações.

Em algumas culturas orientais, tanto o aceno quanto o balanço de cabeça são contrários. Um balanço de cabeça é usado para demonstrar ênfase e concordância.

Cabeça erguida

É geralmente um sinal de confiança? Essa confiança pode muitas vezes nos levar um passo adiante.

Se a cabeça permanecer muito erguida, de modo que o sujeito esteja olhando por sobre o nariz para você, então ele estará demostrando superioridade.

Quando a cabeça permanece também muito erguida, e os olhos do sujeito bastante relaxados, então esta é definitivamente uma demonstração de arrogância.

Embora a inclinação da cabeça seja tratada com mais detalhes na seção do pescoço, é interessante saber que as mulheres inclinam suas cabeças como um sinal de interesse e ou flerte.

Cabeça baixa

É um sinal clássico de baixa confiança, e se mostra um excelente exemplo do 'para baixo é ruim'.
A cabeça baixa é um sinal de desconforto universal, muitas vezes visto na derrota, juntamente com confortadores de fricção no pescoço.
Se a cabeça estiver baixa e os olhos ainda olharem para cima para outra pessoa ou objetos, tenha cuidado, pois isso pode ser o olhar de desprezo ou mesmo de ódio.
Uma cabeça baixa junto com uma expressão relapsa é uma declarada demonstração de tédio. Considera-se muito grosseiro permitir abertamente que esta expressão seja exibida em ambientes sociais ou profissionais.

Peteleco na cabeça

Um movimento bem sutil da cabeça para cima, em um peteleco quase imperceptível, evidencia um sinal de que o sujeito não acredita que esteja ouvindo a verdade. O sistema instintivo está tentando descartar a informação, bem como seu informante. É o movimento da cabeça equivalente a 'caia fora' com a mão.

Tenha cuidado para não interpretar o movimento de maneira errada, como acontece com um micro aceno de cabeça que desce muito levemente (inclinação da cabeça).

Rosto

O rosto é bastante habilitado para mentir, e muitas vezes o faz sem cerimônias. Somos ensinados desde a mais tenra idade a enganar outras pessoas. Poupar os demais sentimentos é uma das razões, muito embora eu acredite que só 'a verdade liberta'.

Quando contamos mentiras inofensivas e somos encorajados pelos adultos a fazê-lo, rapidamente nos tornamos muito bons nisso. Assim, aprendemos a contar uma inverdade e a manter um conjunto perfeitamente normal de expressões. Podemos até mesmo chegar ao ponto de demonstrar falsas expressões, assim como quando temos conhecimento prévio de um evento e mostramos um completo olhar de surpresa em nosso rosto quando somos informados a seu respeito.

No entanto, até mesmo esse 'falso rosto' é uma máscara. E o mascaramento não aparece em tempo real.

Lembre-se de que a microexpressão é o indicador da verdadeira emoção e esta não é censurada. Ela também acontece em tempo real quando os estímulos são recebidos.

Por isso, é extremamente importante aprender o máximo possível sobre a expressão facial e, assim, praticar a arte de identificá-la quando aparece em microexpressão.

No lado oposto da moeda, quando usamos expressões falsas, às vezes tendemos a manter o 'olhar' por muito tempo, em uma tentativa de forçar a comunicação não verbal. Outro efeito colateral comum é exagerar a expressão. Portanto esteja atento a tudo.

Embora você deva estar atento a tudo, tenha muito cuidado.

A convenção social deve ser observada quando da leitura da linguagem corporal, especialmente do rosto.

Somente observe fixamente o sujeito nos casos que sejam socialmente aceitáveis. Se você olhar por mais tempo do que o considerado normal, o sujeito ficará desconfortável. E uma vez que se sentir desconfortável, todo o seu comportamento mudará e o processo de leitura será impossível devido aos sinais evidentes. Especialmente se o sujeito se ofender.

A aparência neutra para a maioria é uma expressão facial geralmente relaxada. A cor da pele variará imensamente com as mudanças no ambiente e no humor.

A pele que apresenta uma cor saudável em condições médias de calor pode se apresentar avermelhada em climas mais quentes e, no frio, mais pálida que o habitual.

O humor também afeta a cor do rosto. O avermelhamento do rosto pode indicar qualquer coisa, desde a raiva até o constrangimento. A pele pálida é geralmente associada ao desconforto, pois o sangue é drenado nos momentos em que estamos chocados.

Como mencionei, e continuarei fazendo, múltiplas leituras devem ser observadas.

Qualquer contorção do rosto deve ser considerada fora da normalidade, em senso comum. A contorção pode indicar qualquer coisa, desde dor física até desconforto mental ou emocional. Claro que há também o fato de nosso rosto se contorcer para sorriso e gargalhada.

O toque das mãos no rosto é uma das atividades mais comuns que nós, humanos, realizamos. Tocamos nosso rosto mais de cem vezes por dia.

Embora façamos isso por uma multidão de razões, o objetivo no geral é tranquilizar. O mais leve toque dos dedos, ao dar uma olhada em uma loja, para descansar nosso rosto em nossas mãos após um dia cansativo de compras. Tocar o rosto pode significar tudo ou nada.

Existem 44 músculos no rosto, permitindo uma variação quase infinita de expressões, dependendo de como sejam flexionadas.

Testa

A testa é altamente visível em todos os momentos e geralmente é ignorada, o que é um erro, uma vez que é considerada um bom indicador geral de humor. Alterações na pele da testa geralmente acompanham mudanças de expressão.

Esfregar a testa está associado a pensar como se pudéssemos massagear fisicamente a informação.

Empurrar os dedos ou a palma da mão sobre a testa evidencia-se um sinal de que a pessoa poderia estar se lembrando de algo que geralmente é acompanhado por declarações do tipo 'está na ponta da minha língua' ou 'me dê um segundo'. Nesse caso, a cabeça geralmente permanece nivelada, embora não seja incomum inclinar a cabeça para cima ou para baixo.

Empurrar os dedos sobre a testa pode também indicar um momento do tipo 'ah, não', então, ao contrário de quando se tenta recordar informações, a cabeça geralmente cai para a frente sobre os dedos ou a mão e pode até mesmo, às vezes, tremer um pouco de lado a lado de maneira quase imperceptível, ensejando um sinal de desconforto interno. É evidente que este é o 'sem sinal' universal ou, neste caso específico, mais provavelmente o sinal 'AH, NÃO'.

O mesmo vale também para o fato de o sujeito colocar os dedos na área da têmpora. Pode ser uma tentativa física de ajudar o trabalho das engrenagens da memória ou o momento 'ah, não'. Mais uma vez, procure pela cabeça se colocando firme ou voltada para cima ou para frente e para baixo. Lembre-se de que para cima é bom, e para baixo não é bom.

De igual maneira, as pessoas tendem a colocar seus dedos nas têmporas se estiverem se sentindo sobrecarregadas. Embora a postura seja exatamente a mesma de quando se tenta lembrar de algo, ela pode também significar a tentativa de diminuir a frequência dos estímulos.

Permita-se a hipótese de que alguém simplesmente tenha uma dor de cabeça e esteja massageando suas têmporas. Basta se lembrar de que uma dor de cabeça é desconfortável, o que simplesmente ajuda a provar que esfregar a testa é um confortador.

A testa franzida ocorre quando empurramos as sobrancelhas levemente para baixo, criando uma aparência severa. Assim, as linhas verticais em nossa testa se tornam mais pronunciadas.

O sulco formado pela surpresa, pelo choque ou pelo medo é horizontal e não vertical.

Sobrancelhas

Pela perspectiva não verbal, as sobrancelhas conectam a testa aos olhos. Então, elas se movem de acordo com a testa, de acordo com os olhos, ou ainda de acordo com ambos.

Outro detalhe é que elas são muito propensas a micromovimentos, porque nos tornamos conscientes de seus movimentos muito facilmente e assim os mascaramos quase no segundo em que aparecem.

Quando estiver praticando, procurando por pistas sutis do estado emocional genuíno, comece com as sobrancelhas.

Uma sobrancelha levantada demonstra um olhar de questionamento. O sujeito teve algum estímulo e está pedindo mais informações. Geralmente pode ser visto com a palma para cima e se movendo discretamente em direção à outra pessoa.

Se os olhos se arregalam, sendo ao mesmo tempo acompanhados de um sorriso, então você está testemunhando um interesse íntimo, que geralmente é uma sinalização reservada para parceiros românticos. Como uma microexpressão, isso demonstra interesse, mas também que o sujeito não está disposto a demonstrar esse interesse. Um bom exemplo seria quando duas partes estão negociando.

Quando ambas as sobrancelhas se contraem ao mesmo tempo, de novo como uma micro expressão, demonstra que a pessoa está surpresa com o que está vendo ou ouvindo.

Se as sobrancelhas se movem para cima mais devagar e deliberadamente, então a informação que está sendo recebida é verdadeira, e o cérebro está experimentando uma leve forma de conflito.

As sobrancelhas que se movem para o meio do rosto, em um movimento de entrefechar os olhos, estão mostrando preocupação.

Quando a cabeça está inclinada para a frente e o sujeito está olhando para você sob suas sobrancelhas, ele está mostrando abertamente sua dominância e desafio.

Quando as sobrancelhas flutuam para cima, evidencia-se um sinal de reconhecimento. Quando esse movimento se sustenta por um tempo, sendo acompanhado por expressão facial positiva, evidencia-se então uma surpresa feliz. Se é apenas um fogo de palha, isso definitivamente não é tão bom.

Um outro 'fogo' das sobrancelhas é um claro sinal de reconhecimento, que pode ser qualquer coisa, desde o ato de se avistar uma pessoa até o momento de se confirmar internamente um determinado estímulo. Por exemplo, ao ser acusado de um ato, em vez de mostrar surpresa, o sujeito demonstra reconhecimento. Essa pessoa pode ser culpada!

Quando a sobrancelha se levanta acompanhada pelos olhos arregalados, evidencia-se uma clara expressão de surpresa. Às vezes, esse movimento da sobrancelha é acompanhado por uma nítida ingestão de ar. Quando isso acontece, é mais provável que seja choque ou medo, em vez de surpresa.

As sobrancelhas que descem no ponto mais interno, acompanhadas de estreitamento dos olhos, demonstram uma expressão de raiva. Se você observar esse movimento como uma microexpressão que é em seguida mascarada, tenha cuidado.

Quando a sobrancelha interna se levanta e os lados do rosto se condensam para dentro, evidencia-se que a pessoa está passando por um momento de tristeza ou está empatizando com alguém.

Olhos

Antes de olhar para os olhos e tudo o que eles podem nos dizer, lembre-se de usar o olho acessando a dica da diretriz. A explicação completa está no capítulo um, mas vou repetir a visão geral com o intuito de não haver a necessidade de ir e voltar. A direção dos olhos para baixo refere-se, do ponto de vista dos sujeitos, para cima e para a direita refere-se para a direita deles. E para a esquerda do leitor.
Para cima e para a direita, visualmente imaginando.
Para cima e esquerda, visualmente recordando.
Direita, acessando a imaginação de áudio.
Esquerda, acessando a memória de áudio.
Para baixo e para a direita, imaginando emoções ou sentimentos físicos.
Para baixo e para a esquerda, lembrando emoções ou sentimentos físicos.

Os olhos, como se diz, são as janelas para a alma. Bom, do instintivo ponto de vista do cérebro eles são certamente uma janela para a mente.
Dada essa ideia de janela, podemos entender facilmente o motivo de fazermos algumas das coisas que fazemos. Desde abri-los amplamente quando as coisas são boas para deixar entrar as imagens e saborear o momento, a fechá-los quando as coisas não são boas, como se aquilo que não pode ser visto que não pode nos afetar.

Bloqueio dos olhos

O bloqueio dos olhos é feito é uma tentativa de proteger o cérebro da visão de algo angustiante. Pode ser feito fechando-se as pálpebras ou tampando os olhos com a mão ou antebraço na frente deles.
Quando o bloqueio dos olhos é acompanhado por uma inclinação da cabeça para a frente, isso pode indicar que a pessoa não acredita ou discorda do que

lhe está sendo informado. Esse comportamento pode também ocorrer com uma pessoa que esteja passando por dificuldades com uma informação ou esteja pensando intensamente.

Tocar o olho é um microgesto limítrofe que acontece muito brevemente e é considerado um gesto de bloqueio. Pode ser tão breve quanto um leve toque da sobrancelha para deixar um dedo descansar sobre as bordas externas da pálpebra.

Manter os olhos fechados por um longo período, ou o que possa parecer um tempo anormalmente longo, revela-se um bloqueio de olhos para impedir a interferência enquanto contemplamos.

Geralmente indica um conflito ou uma luta entre idéias opostas. Tal qual quando você confronta uma criança e ela sabe que a desculpa 'estava bem assim quando o encontrei' não mais funcionará. É como se o sujeito estivesse escondendo os olhos no momento em que aceita a mudança de rumos de seu coração.

A compressão das pálpebras é um gesto de bloqueio que na verdade faz com que o rosto pareça estar sentindo dor. Observe alguém receber más notícias, do tipo insucesso em conseguir um contrato. As pálpebras se comprimem. Isso também é feito em conjunto com um balanço da cabeça, como que recusando-se a ouvir ou ver a evidência de uma má notícia.

O piscar das pálpebras pode ocorrer em toda a gama de emoção, desde a alegria profunda ao completo medo. Preste atenção em uma mudança na taxa de piscadas da linha de base.

Interessantemente, podemos também bloquear nossos olhos para ocultar informações de áudio. Quando alguém recebe ou espera ouvir más notícias, muitas das vezes exibe algumas das ações acima.

Pupilas

Pupilas dilatadas. Costumamos, em nossa maioria, associar isso ao consumo de drogas, graças à imprensa popular, etc. A dilatação acontece quando estamos relaxados e confortáveis. Observe dois jovens apaixonados olhando nos olhos um do outro e você verá suas pupilas dilatadas. Pupilas dilatadas demostram interesse.

Dilatação parcial. Este é um sinal de ceticismo, quando o sujeito ainda não está a bordo, mas em contrapartida não perdeu completamente o interesse.

As pupilas constritas são uma forma de bloqueio biológico de estímulos aos olhos. O sujeito perdeu completamente o interesse. Muitas das vezes essa situação é acompanhada por um olhar vidrado ou distante. Às vezes parece que a pessoa está olhando através de você. É o olhar de alguém hipnotizado.

Procurar pistas nas pupilas dos olhos é obviamente uma tarefa muito difícil, já que precisamos estar muito próximos do sujeito e não há como disfarçar o fato de que você está olhando para o sujeito.

Outros movimentos dos olhos

Maravilha do olho. Trata-se do olho de grande 'uau' que fazemos quando estamos agradavelmente surpresos ou impressionados. Esse é um gesto de alto conforto.

Olhar de lado, enquanto se mantem a cabeça voltada para a frente, revela-se um olhar desconfiado. Esse, por vezes, é feito não como resultado de uma estímulo direto, mas como uma reação à própria pessoa. Eu testemunhei esse movimento de olho em um sujeito ainda quando o objeto de sua desconfiança não estava presente. Ao falar sobre uma pessoa da qual não confiava, o sujeito olhou de lado e disse: 'Eu não acreditaria em uma palavra que ele diz'.

Girar os olhos para cima é um gesto desrespeitoso e, quando o movimento é feito, resulta impossível não observá-lo.

Nariz

O nariz é muitas das vezes completamente ignorado, e isso é um erro.

O nariz é interessante porque se faz necessário muito esforço para que sejam usados todos os músculos associados a ele.

Isso significa que, no momento em que não estiver apenas sentado do outro lado, em uma posição neutra, o sujeito perceberá o movimento. Portanto, é uma boa fonte para microexpressão. Há uma expressão comum que diz 'siga seu nariz', e, bem, parece ter algum sentido. Você já viu o truque de mágica em que o mágico adivinha em qual mão a sua vítima tem um objeto escondido? Eu suponho que já viu.

Bem, a razão pela qual o mágico está sempre certo é porque ele é capaz de ler micromovimentos. Mesmo quando a vítima está com os olhos voltados para a frente, o nariz virará levemente para a mão em que o objeto está.

Franzimento do nariz é.

Acontece quando o nariz é direcionado para cima e as linhas horizontais aparecem na ponte bem entre os olhos. Muitas das vezes são acompanhadas por um sulco da testa. A pessoa que exibe esse comportamento parece estar sentindo um mau cheiro. Isso não está longe da verdade, porque para o cérebro instintivo quando vemos, ouvimos ou cheiramos algo que nos enoja, tendemos a franzir o nariz.

Portanto uma prega no nariz é um sinal de repulsa ou desgosto. Existem variações da prega, como por exemplo, em algumas vezes, acontecerá somente em um lado e, geralmente, uníssono com sarcasmo. Esta é também uma microexpressão muito comum que é rapidamente coberta com um falso sorriso polido.

Nariz dilatado.

As narinas dilatadas são um mau sinal. Literalmente uma abertura das narinas mais que o normal visa permitir que mais oxigênio seja melhor inspirado. Quase sempre você perceberá uma respiração ofegante ou uma respiração mais profunda do que o habitual. Outra coisa interessante é que a pessoa tenderá a 'plantar' seus pés. Estes são todos os sinais de que a pessoa alcançou a resposta de luta. Claro que isso pode não significar que as coisas estejam prestes a partir para o contato físico. É definitivamente um sinal de que a pessoa está determinada a manter sua posição, seja na negociação ou em um argumento.

Então, se as narinas dilatam, esteja ciente, se você é o sujeito da resposta, e dê um passo atrás

As narinas também se dilatam quando estamos nos despertando. Então, como sempre, procure os sinais em grupos de comportamento e, claro, dentro do contexto.

Nariz empinado

Um nariz mantido empinado demonstra um sinal de indiferença; isso tem uma tendência natural de fazer com que a pessoa olhe para baixo. Daí a expressão 'olhe para o seu próprio nariz'.

Interessantemente, quando as pessoas menos altas querem demonstrar essa indiferença, por vezes precisam inclinar a cabeça para trás, fazendo com que o nariz fique ainda mais pronunciado.

Ver alguém mais baixo que você fazendo isso, pode parecer bastante antinatural e até mesmo cômico. Tenha cuidado com esse sujeito, mas ainda assim você gostará muito quando vir um. Pode parecer que o sujeito está na verdade falando com o teto.

Como nota de rodapé da última passagem, as pessoas altas frequentemente se encurvam para evitar projetar esse ar de autoridade.

Bochechas

O toque na bochecha com os dedos é feito por muitas razões e, claro, algumas pessoas fazem isso por puro hábito

Muitas pessoas fazem isso quando estão sonhando acordadas ou pensando. Às vezes, elas até mesmo prosseguem o movimento da bochecha até o queixo e regressando à bochecha. Quando isso acontece, você está testemunhando uma flutuação na intensidade dos pensamentos.

O movimento de descansar a bochecha em um punho aberto é uma variação da postura do pensador.

É claro que há muitas terminações nervosas nas bochechas e, dessa maneira, tocar as bochechas é também um confortador muito eficaz.

Estufando as bochechas

Estufar as bochechas e depois deixar o ar sair pelos lábios franzidos é um confortador bastante intenso. Esse é um confortador universal e nós o realizamos sempre que evitamos algo desconfortável ou quando algo desconfortável tenha acontecido e finalmente tenha acabado.

Cor da bochecha

A cor da bochecha pode também ser muito significativa.

As bochechas permanecem avermelhadas ou coradas pela abundância da circulação de sangue, sendo que o rosto fica mais quente.

Essa é uma reação emocional universal para todos nós. No entanto a emoção real que está sendo exibida pode variar do constrangimento até o sentimento de raiva.

Existem outras razões físicas para as bochechas ficarem vermelhas e isso pode ser a temperatura ambiente real. O calor geral que uma pessoa experimenta pode facilmente dar um falso positivo de uma reação emocional.

Mordendo a bochecha

Morder o interior da bochecha é um sinal de desconforto. Frequentemente, essa mordida na bochecha causa algum movimento bastante severo de todo o rosto, sendo que a pessoa nem mesmo percebe o quão contorcida se apresenta. Morda gentilmente o interior de sua bochecha enquanto se olha no espelho. É bastante cômico.

Lábios

Lábios franzidos ocorrem quando fazemos com que os lábios pequenos fiquem redondos e apertados. Fazemos isso quando estamos descontentes.

O nível de desprazer, claro, deve ser levado em consideração. Um pai franzindo os lábios junto com as sobrancelhas levantadas pode indicar que ele não está satisfeito com um boletim escolar ou com o comportamento da criança. Alguém exibindo lábios franzidos e uma testa sulcada, acompanhado pelas narinas dilatadas, pode ter chegado ao fim da linha e estar a ponto de ficar bastante zangado. Os lábios assim franzidos se encaixam mais com a expressão do diretor que está prestes a expulsar da escola a criança anteriormente mencionada.

Lábios franzidos podem também indicar desacordo com o que está sendo ouvido ou visto.

Lábios desaparecendo

Quando os lábios são comprimidos e se voltam para dentro, quase desaparecendo totalmente da vista, revela-se o sinal de que eles estão fisicamente impedindo que algo saia da boca. Isso ocorre quando, como diz a expressão, 'seguramos nossa língua'.

O sujeito tem algo a dizer, mas escolhe não fazê-lo. Você pode ver isso durante uma conversa, na qual, enquanto uma pessoa está falando, aquela que está ouvindo faz seus lábios desaparecerem.

Quando chegar a hora, quase sempre terão algo negativo a dizer sobre o que ouviram.

Outra exibição de lábios desaparecendo pode ocorrer quando uma pessoa simplesmente tem algo a dizer, mas decide não fazê-lo.

Este não é um sinal garantido para confirmar uma mentira. Pode ser que o sujeito simplesmente tenha um segredo. Os lábios estão literalmente lhe mostrando a mensagem 'meus lábios estão selados'. Mas se você observar esse comportamento em resposta a uma pergunta, procure por outras pistas, como ações reconfortantes e outros sinais de desconforto.

Às vezes observamos os lábios franzidos naqueles que foram deixados de lado em uma troca de várias pessoas. Muitas vezes, em reuniões de comissões ou de juntas, se isso acontecer, você pode fazer a coisa certa e polida perguntando se eles têm alguma coisa em mente. Sabe-se lá se eles têm algo muito importante a dizer.

Lambendo os lábios

O movimento de lamber os lábios se mostra um comportamento reconfortante universal. É claro que os lábios podem sempre estar secos, especialmente no inverno. Mas a secura labial ocorre também quando estamos sob estresse Esfregar os lábios de um lado para o outro com a nossa língua é um sinal de desconforto e de contemplação.

Mordendo os lábios

Há muitas razões pelas quais uma pessoa pode morder seus lábios e as mensagens são amplamente diferentes, como verá abaixo. Vou mencionar esta última vez:

lembre-se de procurar por vários dizeres, e considere a situação e o contexto bem como compare com a linha de base.

Vemos corriqueiramente pessoas mordendo seus lábios quando estão ansiosas. É um movimento semelhante à mordida na bochecha e é um confortador universal.

Morder os lábios como um gesto de flertar. As garotas fazem isso para parecerem tímidas e vulneráveis, o que as torna atraentes aos homens.

O ato de mostrar uma mordida de lábio é também um Dizer que alguém está sentindo empatia por outra pessoa. É visto quando um indivíduo testemunha outro em dor ou aflição.

A mordida labial pode ser substituída e aumentada usando um acessório como um lápis. Nesse caso, está sendo usado como um confortador. Fazer o uso de cigarros tem o mesmo efeito.

Lábios retesados

Lábio superior retesado, essa é uma expressão usada no Reino Unido. Não é apenas uma expressão, mas também um ato físico.

É um meio de impedir a emoção em uma tentativa de sustentar nossa decisão. É quase impossível permitir que seu rosto demonstre tristeza quando o lábio superior estiver retesado.

Beicinho

O beicinho ocorre por diferentes razões, e deve ser lido no contexto para determinar o sinal correto. Tudo bem, essa é realmente a última vez que menciono isso.
Fazer beicinho com a testa franzida significará desprazer ou tristeza.
Fazer beicinho com os olhos ligeiramente arregalados, serve para demonstrar interesse.
Fazer beicinho com o olhar distante acontece justo quando estamos mergulhados em pensamentos.

Língua

Obviamente, uma parte muito delicada da anatomia e também muito sensível. Você poderia se enganar ao pensar que tem pouco a ver com a linguagem corporal, pois se encontra escondida dentro da boca. Isso não poderia estar mais distante da verdade.

Língua vencedora

Observe crianças brincando em um jogo que seja competitivo de alguma forma, tal como futebol, polícia e ladrão ou caubóis e índios. Muitas das vezes você verá que quando uma criança é vitoriosa sobre uma outra, em um desses jogos, o vencedor vai mostrar a língua informando ao outro que ele está à frente por um.
Ele está dizendo 'eu sou melhor que você'. Claro que com crianças pequenas isso não demonstra ser malicioso. Apenas significa que ele é melhor neste jogo em particular.

Língua perdida

Interessantemente, o perdedor geralmente colocará a língua de volta ao vencedor. Neste caso, é um gesto de desafio e desdém. O perdedor está dizendo 'eu não ligo, não é importante para mim'.

Língua de não se importar

Outra versão dessa língua mostrada por crianças é quando elas são pegas fazendo alguma coisa. Elas vão se virar, mostrar a língua e dizer 'e daí'.

Fugiu com a língua

Finalmente, a língua é mostrada como se dissesse 'você não me pega'.

Concentrando-se na língua

Colocar nossa língua para fora é um comportamento muito significativo. Demostramoso que estamos tão comovidos que estamos dispostos a expor uma parte muito importante do nosso corpo, que é geralmente mantida sã e salva.

Muitas vezes os adultos mostrarão suas línguas abertamente para outros. Se for um gesto evidente, então trata-se de uma brincadeira com o fim de zombar de si mesmo, reconhecendo seu comportamento infantil.

Agora, quando olhamos para a versão adulta mais sutil desse comportamento, uma língua ao se projetar deveria acionar os sinos de alarme.

Isso é visto quando a língua se projeta entre os lábios que são mantidos fechados, parece que a língua está forçando o seu caminho para a frente e geralmente só sai por um milímetro ou dois

Geralmente aparece como uma microexpressão, mas é um movimento mesmo assim. Essa projeção de língua não é diferente das ações infantis anteriores.

Aparece como uma microexpressão quando alguém pensa que ganhou ou, com maior precisão, safou-se de alguma coisa.

Assim como a nossa criança derrotada, também demonstra repulsa.

Algumas pessoas ao usar essa expressão não conseguem se segurar e exibem um micro sorriso ao mesmo tempo. Se você notar esses dois movimentos juntas, é quase certo que o sentimento não seja pequeno.

Esfregar a língua ao longo da frente dos dentes com a boca fechada é um ato de confiança, e uma exibição de arrumação modificada.

Boca

Esta é uma parte interessante da anatomia quando se trata de leituras não-verbais, principalmente porque é a fonte do verbal. Também é capaz de sussurrar, gritar, gargalhar, cantar e até mesmo beijar.

Por sermos ensinados desde cedo a mentir, seja para não mostrar os sentimentos aos outros ou para nos

safarmos de algo, é que nossa boca se mostra bastante adepta a isso. E, junto com as respostas treinadas que usamos para controlar nossa expressão, somos frequentemente bem-sucedidos.
Interessante é o que acontece com a nossa boca antes, durante e depois de mentirmos. Em essência, não necessariamente acredite em tudo que lhe é dito, mas acredite nas pistas da microintenção e nos confortadores.

Assobio

Em alguns lugares ao redor do mundo, esse é um hábito muito ofensivo. Em algumas culturas, as pessoas sentem que isso as invade, ainda que não haja nenhum ato físico de entrada nas zonas de conforto.
Às vezes, quando as pessoas assobiam, evidencia-se um sinal de nervosismo e desconforto, mas às vezes evidencia-se apenas o hábito.
Se é hábito, então como se tornou um hábito? Curiosamente, o hábito foi

formado por causa do nervosismo. Inicialmente, o sujeito deve ter assobiado no momento em que surgisse o nervosismo em ocasiões como caminhar por um beco escuro ou algo similar.

Depois de assobiar bastante e sentir o benefício do confortador, ele passou a ser usado tantas vezes que o inconsciente começou a assumi-lo como um hábito. Assim como acontece com a maioria dos hábitos que imitam os confortadores, acontece com o assobio. Se você quiser saber mais sobre como os hábitos são formados, leia meus outros livros sobre hipnose.

Bocejo

Bocejar pode indicar desconforto. Se você fizer uma pergunta a alguém e ele fizer um bocejo excessivamente longo antes ou mesmo durante a resposta, resulta que ele está desconfortável com o que está saindo de sua boca. O bocejo serve a dois propósitos. Aperta os olhos ligeiramente em uma tentativa de bloqueá-los e faz o papel de um confortador por causa de todos os nervos que ativa quando a boca se alarga. Se você observar alguém fazendo isso em resposta a uma pergunta, esteja alerta.

Não se esqueça de que as pessoas bocejam quando estão cansadas. Também, o bocejo é tão contagiante como um sorriso e, uma vez que uma pessoa comece, os demais geralmente acompanharão. Você deveria ser capaz de detectar um bocejo natural com muito pouca prática.

Sorriso

Um sorriso genuíno faz com que as bochechas se erguam até os ouvidos, e covinhas apareçam nos cantos da boca, bem como que os olhos sejam suavizados por seus cantos enrugados. E, juntamente com esses sinais faciais, a cabeça se inclinará ligeiramente para um lado.

Qualquer coisa diferente disso é um sorriso falso.

Sorriso falso

Os lábios se alongam pelo rosto horizontalmente e não há conteúdo emocional correspondente visível nos olhos. Às vezes, o lado de fora dos lábios se curva ligeiramente para baixo.
Existe uma variação do sorriso falso; trata-se do sorriso abertamente grande. No sorriso de pantomima, a boca sobe como sendo um sorriso genuíno, os olhos inclusive se enrugam, mas eles não se abrandam como resultado. Esse é o sorriso falso condescendente. Quando você observar o sorriso falso condescendente, tenha em mente que a pessoa não tem respeito por você.

Sorriso de cabeça para baixo

Muito baixa confiança, e também observado durante o choro.

Como em todos os movimentos descendentes, um sinal de angústia de um tipo ou outro. O sorriso de cabeça para baixo por vezes pode ser visto junto com os lábios desaparecendo.

Quase parece que a pessoa que tenta se safar de algo, sente compaixão por sua vítima.

O sarcasmo.

Aqui se trata de um sorriso unilateral, quase exclusivamente visto como uma microexpressão. Esse olhar demonstra completo desrespeito pela pessoa para a qual é dirigido.

Ansiedade

A boca bem aberta pode ser sinal de completo deslumbramento. Muitas vezes visto em algum evento, por exemplo, uma exibição de fogos de artifício, quando a multidão deixará sair um 'uau' e, em seguida, a boca permanecerá aberta porque as pessoas estão tão absortas no que estão assistindo.

Outra boca aberta geralmente ocorre durante os sonhos acordados, quando a pessoa meio que se relaxa em demasia. Minha avó chamaria isso de 'comendo moscas' e eu digo 'dez mangos pelos seus pensamentos'.

O sorriso largo.

O sorriso largo pode ser apenas versões moderadas de um sorriso ou um sorriso falso.

Às vezes é uma espécie de sarcasmo de dois lados, se for acompanhado por uma ruga no nariz.

Queixo

Outro ditado que acredito você já tenha ouvido a respeito. 'Queixo para cima!' É o que dizemos às pessoas quando estão no marasmo, como se levantando o queixo magicamente levantassem seu humor.

Bem, na verdade não é tão ridículo. Tal como acontece com os Dizeres de todas as outras linguagens corporais, para cima é bom e para baixo é ruim.

Então, levantar o queixo ou até mesmo 'puxar suas meias para cima', é uma manifestação física de cavar fundo e se levantar para enfrentar qualquer desafio que lhe apareça.

Quando o queixo está nivelado ou ligeiramente para cima, evidencia-se uma demonstração de confiança. É dessa postura que retiramos a expressão 'queixo para cima'.

Caso o queixo se eleve em demasia, pode ficar evidenciado que o sujeito está tentando olhar por sobre o nariz para você. (Veja a seção sobre o nariz).

Queixo para baixo significa que a confiança também está baixa. Isso literalmente requer que a cabeça esteja inclinada para frente. Quanto mais próximo o queixo ao peito, menor a confiança.

Observe uma criança sendo repreendida por um dos pais. Quanto mais tempo se prolonga a bronca, mais baixo permanece o queixo.

É também um ótimo bloqueador dos olhos. É por isso que, ao término da repreensão, o pai dirá à criança para olhar para cima? Isso ocorre para confirmar que a mensagem tenha sido entendida.

É também um confortador universal uma vez que o colocamos para baixo na tentativa de cobrir a covinha do pescoço. Veja a próxima seção.

Queixo para baixo (ou mandíbula caída) pode demonstrar espanto e descrença. É uma expressão raramente mal interpretada. Mesmo em sua forma micro porque o movimento de toda a parte inferior do queixo caii e voltar para cima demora muito tempo em comparação com a maioria das microexpressões, que duram apenas cerca de um décimo de segundo. É razoavelmente facilmente perceptível

Mandíbula trancada

Quer a boca esteja aberta ou fechada, esse é um bom indicador de estresse. O trancamento pode, por vezes, ser mantido por um tempo muito longo. De fato, quanto mais tempo mantido, maior a tensão existente. Procure outras leituras em busca de pistas sobre o que mais possa estar acontecendo.

Pescoço

O pescoço é uma área muito delicada do corpo e, em momentos de perigo ou preocupação, sentimos a necessidade de protegê-lo. Por outro lado, quando estamos confortáveis, não nos importamos em deixá-lo exposto. Quanto mais o expomos, mais confortável estamos.
À frente está a covinha do pescoço, que é a cavidade no topo do esterno. Nos homens está localizada abaixo do pomo de

Adão. Esta é uma parte bastante vulnerável da anatomia.

À esquerda e à direita dessa covinha, quase nas laterais, passam as artérias carótidas que ligam a cabeça ao corpo. Estas de igual maneira são áreas bastante vulneráveis.

Se alguma vez assistir a um documentário de televisão sobre predadores na natureza, observe a qual parte do corpo da presa eles almejam. É quase sempre o pescoço. Uma vez que um leão tenha sua mandíbula e dentes ao redor da garganta da vítima, tudo está acabado.

Exposição do pescoço

Ao se colocar a cabeça para o lado, ficam expostas as áreas do pescoço, de modo que esse movimento se evidencia em um indicador de alto conforto permitindo acesso, ainda que apenas visualmente, a essas áreas. Não se trata apenas de uma exibição, mas também um convite à confiança.

Quando esta exposição do pescoço é enganjada, é importante se lembrar da teoria dos lados direito e esquerdo do cérebro.

Se você expõe seu lado esquerdo, ou seja, se sua cabeça está inclinada para a direita, então você está se comunicando emocionalmente com a sua coorte.

Se, no entanto, o lado direito é exposto pela inclinação da cabeça à esquerda, então o lado lógico do cérebro está sendo usado. Cuidado com isso, pois é muito divertido de assistir e bastante preciso.

Dois homens de negócios conversando sobre um projeto podem inclinar a cabeça para a esquerda, expondo o lado direito do pescoço em aceitação de uma teoria. Enquanto, em contrapartida, parceiros românticos ou pessoas flertando tendem a expor o lado esquerdo do pescoço.

Cobrir a covinha do pescoço,

Qualquer toque ou cobertura do pescoço é um sinal não verbal negativo, não importando o quanto seja transitório. Um único toque com um único dedo pode ser tão revelador quanto uma palma totalmente pressionada contra o pescoço.

É um confortador universal. Pode ser qualquer coisa, ao sentirmos medo, a partir de um leve toque quando não temos certeza se cobrimos ou não completamente.

O ato de cobrir a covinha não significa necessariamente que haja o toque com a mão, abrindo espaço para algum movimento diferente e mais sutil.

Brincar com um colar, no caso de uma mulher, é uma forma de cobrir a covinha.

Ajustar uma gravata, no caso de um homem, é parte desse comportamento reconfortante.

O ajuste de gravata pode ocorrer enquanto um homem se prepara para alguma tarefa. É uma última verificação rápida de que tudo esteja em ordem antes de avançar. É uma espécie de ato de arrumação.

Afrouxar o colarinho é também um sinal de desconforto. Embora o mais provável é que seja uma tentativa de ventilar o pescoço em vez de cobri-lo. Vocês já ouviu a expressão 'calor debaixo do colarinho'. Bom, isso é exatamente o que acontece. O desconforto causa calor.

Esfregar a mão em torno do interior do colarinho, muitas vezes visto com um alongamento do pescoço, é um confortador de ventilação similar.

Tocar os lados ou a parte de trás do nosso pescoço é também um consolador muito poderoso e, novamente, isso é universal para todos nós. Esse comportamento indica um grau de desconforto. Juntamente com outros indicadores e no contexto, você pode descobrir o que tenha causado o desconforto.

Tocar o pescoço logo abaixo do queixo pode ser um gesto de paquera. Especialmente se acompanhado de uma ligeira inclinação da cabeça. Quando as mulheres fazem isso, é preciso ter cuidado para não confundir o movimento com a cobertura da Covinha. A mão estará mais próxima do queixo que da covinha.

As mulheres podem usar acessórios para realizar esse gesto de 'vamos lá', como por exemplo brincar com um colar e tocá-lo no pescoço.

Medidor de combustível

Medidor de combustível para cobertura de pescoço. Se você presenciar uma mulher conversando e seu braço estiver cruzando seu corpo ou em cima de uma mesa, evidencia-se um bom sinal de que ela esteja confortável.
Seu medidor de combustível para o desconforto é inexistente ou vazio. Se a mão dela subir em direção ao pescoço, ela estará ficando desconfortável. Quanto mais alta a mão, mais cheio o tanque de desconforto, assim como um medidor de combustível no painel do carro.
Se alguém inclina a cabeça para o lado ao lhe dizer algo e, ao mesmo tempo, toca o pescoço, evidencia-se sinal quase certo que você acaba de escutar uma mentira.
É uma tentativa de desarme, com uma inclinação de cabeça submissa, que em circunstâncias normais pode ser

acompanhada por um sorriso ou outra expressão facial amigável, juntamente com um grande confortador.

O Meio

Ombros

Por serem uma parte tão grande da anatomia, é realmente fácil descartá-los quando da tentativa de procurar por microexpressões e pequenos sinais não verbais.

Ignore os ombros por sua conta e risco. Eles são um indicador muito bom do estado emocional geral de um indivíduo.

Observe a posição deles quando você iniciar sua linha de base, uma vez que eles são, muitas das vezes, a primeira parte do corpo a fazer um movimento. Eles são um bom reforço quando se tenta várias leituras. Assim, se você vir um sinal não verbal e os ombros confirmarem sua direção de pensamento juntamente com um confortador, você poderá ter certeza de que sua conclusão esteja correta. Ou, ao menos, você está no caminho certo.

Pense em como os ombros funcionam. Se alguém lhe fizer uma pergunta e você souber a resposta, seus ombros cairão e sua cabeça será efetivamente levitada, demonstrando confiança e conforto.

Se não soubermos a resposta, dizemos 'eu não sei' e, ao mesmo tempo, discretamente encolhemos nossos ombros. Isso momentaneamente tem o efeito de baixar nossa cabeça. Baixa confiança e desconforto.

Ombros elevados fixos

Estes são um sinal de baixa confiança. Se já observou uma pessoa com depressão clínica, você verá que ela tem uma constante aparência de ombros encolhidos. Você pode ver a derrota não apenas em seus olhos, mas também em seus ombros e até mesmo em seus movimentos.

De fato, se nos referirmos a uma das primeiras lições, 'para cima é bom e para baixo é ruim', poderemos ver isso em ação. Pessoas depressivas nunca estão para cima, em qualquer sentido da palavra.

Se isso acontecer repentinamente em reação a estímulos, revela-se uma reação de fuga modificada. Se for acompanhado ou seguido por um confortador, como um retorcer de mão, então a pessoa ouviu ou viu algo que literalmente a drenou de sua autoconfiança.

A tentativa de elevar os ombros o suficiente para fazer a cabeça desaparecer, evidencia-se um sinal de profundo desconforto.

Encolher os ombros

Encolher osombros também segue o 'alto baixo' mencionado anteriormente. Quando alguém dá uma grande encolhida de ombros, geralmente está demonstrando confiança no que quer que esteja dizendo.

Então, uma declaração do tipo 'eu não faço ideia' complementada com uma grande encolhida de ombros significa que a pessoa provavelmente está dizendo a verdade.

Nós não podemos encolher os ombros para baixo, então a próxima melhor coisa a fazer é encolhê-los para cima o mínimo possível. Alguém que faz um pequeno encolhimento de ombros, respondendo à pergunta feita acima, não tem muita confiança no que está dizendo.

O encolhimento de ombros unilateral é rápido e é um indicador claro de baixa confiança.

Um encolhimento de ombros unilateral que é mantido momentaneamente é frequentemente um sinal de desdém. Tenha cuidado com um sarcasmo como acompanhante.

O mesmo se aplica aos encolhimentos de ombros unilaterais, que são também sinais de baixa confiança.

Espanando os ombros

Espanar os ombros como se a retirada do pó fosse um gesto desdenhoso.

Se o sujeito faz isso enquanto você está conversando com ele, evidencia-se um sinal de arrogância. Se pudesse dar um passo para trás, veria que é como se você estivesse sendo varrido simbolicamente para um lado e que não é mais significativo que, talvez, um inseto que possa ter pousado em seu ombro.

Tronco

Como o tronco abriga todos os nossos órgãos vitais, o cérebro instintivo cuida dele, particularmente. Se houver algum sinal de perigo ou desconforto, cobriremos nosso tronco e/ou o afastaremos do que seja a fonte do desconforto.
Essa cobertura e afastamento acontecerão até mesmo por estímulos de fora do interpessoal. Nós fazemos isso mesmo quando assistimos algo na TV.
Quando vemos um procedimento cirúrgico gráfico em um documentário de TV ou mesmo em uma novela, tendemos a cobrir a parte relativa de nosso próprio corpo e, eventualmente, nos afastar se a imagem ficar muito angustiante.

Inclinação

É um bom indicador de conforto ou desconforto geral?

Duas pessoas inclinando-se, uma em direção à outra, sentem-se confortáveis. Já aquelas que se inclinam na direção oposta, afastando-se, não se sentem.

Se apenas uma pessoa se afastar, é provável que ela tenha ouvido ou visto algo que a tenha deixado desconfortável. É claro que nos afastamos quando em presença de pessoas das quais não gostamos. Às vezes, de maneira quase imperceptível.

Em outras ocasiões, uma pessoa poderia se afastar de outra quando estivesse evidenciando uma leve deferência a um superior. Assim, demonstrando que além de não têm o direito, também não pretende invadir o espaço pessoal de seu superior.

Inclinar-se para trás cria distância, e distanciamento com o corpo é uma 'fuga educada'.

A verdadeira inclinação

Quando nos dizem algo que acreditamos ser verdade, tendemos a nos inclinar discretamente enquanto prestamos atenção.

Por outro lado, quando temos dúvidas ou simplesmente não acreditamos na informação, inclinamo-nos para trás.

O oposto é verdadeiro quando dizemos mentiras. Em uma tentativa de forçar a pessoa a quem contamos a mentira, nós nos inclinamos para frente. É uma espécie de gesto brando e imponente. O corpo também se torna compacto, e isso cria uma sensação conspiratória como se a pessoa com quem conversamos estivesse ouvindo um segredo.

Quando dizemos a verdade, geralmente nos inclinamos ligeiramente para trás. Desta vez, a inclinação para trás se revela um sinal de confiança e conforto. É como se dissesse 'se você não acredita em mim, eu não me importo, é tudo o que eu tenho'.

Cobertura do tronco

Cobrir o tronco, seja de que maneira for, é um sinal de baixa confiança, desligamento e conforto. Pode na verdade progredir de um para o outro, também. Abaixo aparecem apenas três exemplos.

Braços cruzados

Imagine um sujeito com as mãos entrelaçadas livremente na frente de si mesmo. Essa postura pode indicar que ele não esteja tão confortável com a situação, ou talvez que ele esteja confortável e essa é apenas uma pose neutra para ele.

Então, alguma notícia é passada para ele, fazendo-o se sentir sob uma pequena pressão. Assim, ele cruza os braços em uma tentativa de não permitir que a informação o afete.

Em seguida, um estímulo mais sério é recebido e as coisas ficam muito mais complicadas de se lidar. Nesse cenário, as mãos tendem a se deslizar em volta do corpo em um auto abraço para se confortar.

Paletó abotoado

Pode ser considerada uma forma de cobertura do tronco, em determinadas situações.

Certa vez, sentei-me e observei com interesse um homem em uma reunião de alto nível com cerca de vinte executivos.

Durante a reunião, ele continuamente abotoava e desabotoava o paletó enquanto estava sentado à mesa. A princípio, pensei que aquilo indicava que ele tinha pouca confiança em si mesmo ou que estava indeciso sobre o assunto em discussão.

Enquanto eu continuava a observá-lo e a procurar por outros não-verbais, uma outra possível explicação para o seu comportamento se apresentou para mim.

Ficou evidente que quando uma pessoa em particular, naquela sala, falava a favor das propostas apresentadas, o sujeito desabotoava seu paletó.

Em contrapartida, quando alguém argumentava contra as propostas, ele o abotoava de novo.

Então, continuei a observá-lo e constatei, com absoluta certeza, que sempre que argumentos positivos eram feitos em relação ao assunto discutido, ele não apenas desabotoava seu paletó, como também fazia um micro-aceno com a cabeça e seu rosto se relaxava e se revelava razoavelmente neutro.

Por outro lado, quando os outros falavam negativamente, ele abotoava seu paletó e exibia uma sacudida quase imperceptível da cabeça.

Ademais, um micro sarcasmo, e assim eu soube que estava no caminho certo. Tudo isso foi confirmado mais tarde naquela reunião, quando a ocorreu votação.

Interessantemente, no final daquela reunião, o presidente se levantou para anunciar sua opinião e, enquanto o fazia, o sujeito devagar e deliberadamente fechava e abotoava o paletó de seu terno.

Esse movimento serviu para que todos na reunião soubessem que o que quer que ele estivesse prestes a dizer seria a palavra final e que naquele momento ele estaria fechado a argumentos, e também que a reunião estava a ponto de ser encerrada.

Assim, você consegue perceber que as pessoas naquela reunião estavam usando seus paletós como extensões de seus corpos com o fim de exibir a linguagem corporal.

Com um objeto

Pode ser entendido como o ato de colocar objetos em uma mesa para formar uma barreira. Não precisa ser um objeto grande, pois o efeito é psicológico, então, um lápis ou uma caneta farão muito bem o trabalho. Pode também ser utilizado algo mais substancial.

Uma vez, tive um problema com um dos meus filhos. Nada sério, apresso-me em acrescentar, tratando-se de coisas domésticas corriqueiras. Provavelmente sobre algo ter sido quebrado. Realmente não me lembro.

Eu me lembro, no entanto, do comportamento não verbal que ele exibia no momento. Pedi-lhe para se sentar no sofá. Ele estava obviamente consciente de que havia um problema, porque quando se sentou, pegou uma almofada e a manteve sobre o colo. Quando comecei a falar com ele sobre coisas que estavam me preocupando, o travesseiro lentamente, mas com objetividade, deixou seu colo sendo conduzido ao seu peito.

Quando cheguei ao ponto crítico e lhe fiz uma pergunta direta, ele puxou a almofada com força e começou a esfregar o queixo nela.

Perceba que ele começou com uma barreira inicial de baixa confiança, em seu colo.

Então, ele se mudou para uma pose mais fechada, com a almofada no peito.

Finalmente, para um completo confortador quando moveu a almofada para debaixo do queixo, ou na frente do pescoço, para ser mais preciso.

Macho alfa

Ocupar espaço com o tronco, quando em pé ou sentado, é uma exibição territorial. Isso será melhor discutido na seção de mãos e pernas deste livro.

O ato de inflar o peito é uma ixibição de dominância, que frequentemente pode ser visto em policiais, juntamente com os cotovelos pronunciados para os lados; é uma exibição de autoridade.

Observe como os policiais também caminham ou ficam de pé com suas pernas e pés abertos na mesma largura dos ombros. Observe como, quando fazem isso, seus polegares são mantidos fora da vista em seus coletes. Isso permite que eles apresentem uma postura dominante, mas ao mesmo tempo minimizam qualquer exibição ostensiva de agressão.

Essa pose não é apenas copiada de um oficial para outro. Essa pose é realmente ensinada a eles.

No futuro, você poderá estar atento a isso. É quase cômico se você tem a chance de observar vários policiais patrulhando em um evento como, por exemplo, uma feira municipal.

Quando você observa dois deles conversando um com o outro, cara a cara, percebe que é fácil detectar a posição como sendo fabricada, e não natural.

Em outra direção e distante

Quando confortáveis, ficamos felizes em encarar outra pessoa. Afinal, estamos expondo psicologicamente nossos órgãos vitais a essa pessoa

Voltar o tronco para a direção oposta de alguém, pode significar um monte de coisas. O sinal oculto é que o sujeito não se sente confortável.

É evidente que se trata de uma postura de distanciamento, que mantém os órgãos vitais em direção oposta daquilo que não é desejado ou confiável.

É geralmente visto acompanhado de um movimento para trás.

Às vezes, é uma pose de intenção mostrando que o sujeito está prestes a, ou preferiria, sair do ambiente. A intenção pode ser vista mais facilmente quando os pés estão voltados para a mesma direção do tronco.

Nós também tentamos diminuir o tamanho do nosso corpo quando ele está sob ameaça. Tentamos fazer dele um alvo tão pequeno quanto possível.

Mais tarde, você lerá sobre os machos enquadrando e apontando para seus genitais como uma forma de atrair mulheres. As mulheres fazem algo parecido para atrair os homens, levantado a parte superior do corpo como se estivessem respirando fundo, literalmente, exibindo seus seios.

Essa pose só acontece se a mulher estiver razoavelmente confiante em si mesma ou se seu alvo pretendido já estiver um pouco interessado nela.

Braços

Usamos nossos braços para muitas coisas. Nós os acenamos em reconhecimento e a fim de atrair atenção. Nós os movemos para todos os lados, quando falamos, com o fim de sermos mais expressivos. Nós os colocamos para cima visando nos proteger em momentos de perigo.

Precisamos olhar para esta última parte da afirmação acima com mais detalhes, a fim de entender o significado do posicionamento do braço a partir do enfoque dos não-verbais.

Interno externo

A parte interna dos antebraços e do bíceps é bastante suave e vulnerável em comparação com a parte externa do mesmo antebraço e do tríceps.

Se estivermos na companhia de entes queridos e amigos, nossos braços estarão abertos a eles, permitindo o acesso à 'parte interna' dos braços. Se, no entanto, algo como uma bola de futebol errante viesse voando em direção ao nosso rosto, nós colocaríamos nossos braços para cima, à nossa frente, com suas 'partes externas' voltadas para o perigo.

Então, mostrar a parte interna dos braços é um sinal de conforto, enquanto que ao nos sentirmos desconfortáveis, voltamos a parte externa de nossos braços para a direção do desconforto.

Braços cruzados podem significar muitas coisas, como cobertura do tronco e auto-abraço, ambos discutidos na seção anterior. A maioria dos leitores estará familiarizada com a ideia de que braços cruzados evidenciam um sinal de que o sujeito está desconectado.

Braços congelados

Quando os braços literalmente se congelam e são mantidos ao lado do corpo, evidencia-se o sinal de desconforto máximo.
É como se o sujeito dissesse que não importa o que aconteça, ele não será capaz de se defender, pacificar ou confortar. Braços congelados são os braços dos derrotados.

Braços amplos

Abrir os braços é uma exibição territorial semelhante ao exemplo do policial discutido anteriormente.
Sempre que visto em uma mesa ou similar, é uma exibição territorial.
De fato, quanto mais amplos os braços, mais confiante ou até mesmo agressivo o sujeito está sendo. É a pose dominante do gorila.

Movimento do braço

O movimento do braço é usado para incrementar a mensagem falada. Mover os braços em todas as direções ajuda a expressar e exagerar visualmente o que está sendo dito.

Lembre-se de que o modo como dizemos algo é mais importante que aquilo que é realmente dito. Bem, os braços entram em ação aqui também. Se estivermos explicando algo para alguém, como um grande projeto ou um grande objeto, por exemplo, demonstramos com os braços bem abertos e voltados para cima.

O mesmo vale para o caso de estarmos confortáveis ou confiantes, pois os movimentos do braço refletem isso.

Quando estamos com pouca confiança ou não estamos tão confortáveis, nossos movimentos com os braços serão menos expressivos.

Quando os movimentos de braços de alguém são menores ou em menor incidência que o normal, revela-se a existência de um problema. Lembre-se da linha de base.

Se você observar uma mudança de grandes movimentos de braços para movimentos menores durante a o transcorrer de interação, evidencia-se que a confiança foi diminuída.

Essa diminuição da confiança poderia ser uma resposta ao impulso ou, na verdade, como resultado de haver menos confiança em nossa própria mensagem. Em outras palavras, estamos dizendo que talvez não tenhamos confiança completa. Poderia você ter acabado de escutar uma mentira?

Eu estava em uma ocaião participando de um curso de treinamento. Eu e os outros alunos nos reunimos no saguão, esperando pelo palestrante.

Todos conhecíamos o palestrante razoavelmente bem e, por isso, ele se sentia muito à vontade em nosso meio, e nós ao redor dele. Como todos os bons professores, ele tinha um grande senso de humor. Era o segundo dia do curso e, assim que chegou, ele fez o que é conhecido como visão de futuro.

Então, durante a sua visão de futuro para o cronograma do dia seguinte, ele movia seus branços em grandes movimentos, tentando criar alguma emoção.

Ele nos mostrava bastante as partes internas de seus braços. Quando nos disse que estávamos prestes a começar e que deveríamos segui-lo até as salas de Sherwood, seus braços estavam no nível dos ombros, de novo com as partes internas dos braços expostas.

Uma aluna, brincalhona prática, perguntou se ele tinha certeza de que era a sala correta, já que ela tinha visto outro grande grupo assistindo a uma apresentação de retroprojetor quando havia passado por ali mais cedo.

Imediatamente o braços do palestrante caíram para os lados, e até os ombros se despencaram. Depois de um segundo ou dois, ele estufou as bochechas e expirou o ar. Ele começou a se virar bem devagar. Estava obviamente considerando todas as implicações da sala ter sido reservado duas vezes.

Em meio segundo ele deixou de ser um homem confiante, em controle e entusiamado para se parecer a uma pequena criança.

Quando ele estava prestes a ir para a recepção, ele perguntou à mulher: 'Você tem certeza?' Ela sorriu e disse 'te peguei!' Seu alívio era evidente, ele se virou para ela e balançou o punho, mostrando a parte externa do braço, com um sorriso irônico no rosto.

Interressantemente, na fração de segundo em que a estudante anunciou sua pequena brincadeira, uma microexpressão de sarcasmo apareceu no rosto do palestrante.

No final, ela foi a única que não concluiu o curso. Um tempo depois, alguém me disse que ela havia sido reprovada em uma de suas avaliações práticas!

Então, o palestrante passou de confiança para falta de confiança, e para desafio em segundos, sendo que em nenhum momento sua voz mudou de tom. Todas essas emoções foram mostradas apenas pelos movimentos de seus braços.

Mãos

Essas são as ferramentas habilidosas do corpo. Elas executam tantas tarefas para nós e são uma coisa verdadeiramente notável.
Eles podem enfiar uma linha na agulha, formar um punho e socar, acariciar um ente querido ou estrangular a vida de alguém.
As mãos são parte muito expressiva do corpo que usamos para transmitir mensagens tanto inconscientemente quanto conscientemente.
Primeiro, vamos dar uma olhada nos movimentos maiores e seguir rumo aos menores e mais sutis. As mãos ajudam a expressar a palavra falada e são tão importantes quanto a voz para transmitir a mensagem. Obviamente usadas em conjunto com os braços, como discutido anteriormente.

Permanecer distante

Mãos levantadas na nossa frente, com os dedos apontando para cima e palmas para fora, evidencia-se um gesto para que outra pessoa fique longe, ou mensagens como 'eu não gosto de você' ou 'o que você está dizendo/fazendo?'.

Fazemos isso conscientemente para que os outros saibam que não queremos que eles cheguem perto ou para que não digam alguma coisa.

Também fazemos esse gesto inconscientemente e com frequência em movimentos bem menores. Se temos nossas mãos descansando em uma mesa ou em nosso colo e ouvimos algo que não gostamos, tendemos a levantar nossas mãos muito discretamente, por vezes até mesmo mantendo nossos pulsos plantados, assim como o grande movimento aberto no qual estamos dizendo 'eu não estou confortável, por favor, mantenha isso longe de mim'.

Um bom exemplo de como isso funciona é visto se nos oferecerem algo. Nós usamos nossas mãos para transmitir a convicção de nossa declaração verbal. Eu já presenciei eventos informais e notei com satisfação como várias trocas evoluem de acordo com a linguagem corporal, mesmo quando a mensagem falada é idêntica.

Uma dúzia de pessoas sentadas durante um churrasco e o anfitrião circula pelo local oferecendo cachorros-quentes para seus convidados. Se uma pessoa educadamente se recusa, com as mãos à sua frente, no 'gesto de afastamento', o anfitrião aceita com tranquilidade e segue adiante.

Se ele oferece a mais alguém um cachorro-quente e a pessoa se recusa sem qualquer gesto, ele quase certamente perguntará se a pessoa tem certeza ou tentará persuadi-la. Observe essa interação, pois é uma prova irrefutável de que a linguagem corporal é mais poderosa que a palavra falada.

Outro gesto de afastamento é na verdade o oposto fisicamente e a mensagem é ainda mais poderosa.

Acontece quando seguramos nossas mãos atrás de nossas costas. Essa é uma mensagem inconfundível muito forte de que estamos completamente inacessíveis. Exceto de uma maneira muito formal, não permitirei que meu espaço seja invadido.

Imagine que seu filho venha até você para um abraço e você mantenha as mãos atrás das costas. A mensagem seria inconfundível e devastadora para a criança.

Colocar as mãos atrás das costas diz 'não chegue perto' mas, em vez de uma postura defensiva, é uma postura de autoridade absoluta.

Essa é a pose dos mais poderosos e confiantes entre nós, uma vez que o tronco permanece exposto e os braços potencialmente protetores estão longe de serem vistos.

Mãos nos quadris

As mãos nos quadris com os polegares para frente demonstram uma postura abertamente indagadora. Embora os polegares estejam mostrando que são pouca significantes quando se trata de mãos nos quadris. Nesse caso, a direção dos dedos é a leitura reveladora.

Dedos voltados para trás demonstrão menos confiança, geralmente significando que alguém está sendo curioso. Tem mais a ver com o modo como os braços tendem a apontar para trás e para longe do que com a exibição das mãos.

Quando os dedos estão voltados para frente, evidencia-se uma postura mais confiante. Pode até mesmo demonstrar um sentimento de dominação ou agressão que tem mais a ver com o efeito parênteses angulares dos braços que com as mãos.

As mãos nos quadris com os polegares voltados para trás evidenciam uma postura dominante, às vezes até mesmo agressiva.

Mão intrelaçadas

As mãos entrelaçadas colocadas atrás da cabeça evidenciam uma postura de alta confiança. Muito semelhante à aparência parênteses angulares dos braços. É um espaço de alta confiança sendo formado.
Tal movimento quer dizer 'eu sou o melhor na sala'. Na verdade, quando se observado isso em uma reunião, geralmente é exibido apenas por uma pessoa e essa pessoa sempre estará na posição de líder.
A única ocasião em que presenciará essa exibição por mais de uma pessoa será em um ambiente social, quando duas pessoas altamente confortáveis estiverem se espelhando uma na outra.
Mãos entrelaçadas como em oração evidenciam um sinal de baixa confiança. Fazer com que as palmas das mãos se toquem de tal maneira, é um ato confortador. E a posição realmente imita uma pessoa em oração, o que é uma postura submissa.

Mãos entrelaçadas e, ademais fazendo um movimento de torção, indicam um avanço de baixa confiança para o estresse. Mudando, dessa forma, de um indicador para um confortador.

Isso também se aplica ao movimento de esfregar as mãos ou esfregar os dedos através da palma ou das costas da mão.

É claro que, como em toda linguagem corporal, há exceções. As mulheres por vezes demonstram interesse em um homem, através do movimento de coçar ou acariciar gentilmente as costas de uma das mãos.

Este é um gesto primitivo em que ela está subconscientemente enviando uma mensagem para o homem de quem ela gostaria de receber um cafuné, bem como um chimpanzé se comporta na selva.

Campanário

Sabemos, é evidente, que para cima é bom. Quando se trata de mãos, o resultado não é diferente. Há uma pose que nos mostra que para cima não é apenas bom, para cima mas é melhor.

O mais confiante de todos os gestos não verbais ocorre é quando imitamos um campanário de igreja com nossas mãos e dedos; na verdade, esse gesto de mãos é chamado de 'o campanário'.

As pontas dos dedos se tocam, mas não as palmas das mãos. Os dedos se encontram também espalhados. Se os cotovelos permanecem apoiados na cintura, o campanário é exagerado, pois será considerado um campanário desde os cotovelos até as pontas dos dedos.

Um campanário modificado ocorre quando as mãos estão entrelaçadas, mas os dedos indicadores não estão. Eles apontam para cima e se tocam para formar o campanário.

Ao assistir a uma entrevista na televisão em que o entrevistado começa confiante, pode-se observar o campanário nos momentos em que ele sorri e tenta ser cordial; nesses momentos, é claro que ele se encontra confiante e confortável.

Então, pode-se também observar a mudança. À medida que as questões se tornam mais difíceis, os dedos passam do toque pelas pontas para o entrelaçamento. Em seguida, ocorre um entrelaçamento completo de mãos, que pode até mesmo evoluir para um certo retorcer de mãos.

Mãos escondidas

Este é um gesto muito negativo, a menos que seja exibido por alguém com autoridade, conforme discutido no caso das mãos atrás das costas.

Se suas mãos estiverem invisíveis seja por trás de suas costas, debaixo de uma mesa ou em seus bolsos, você será percebido como sendo desonesto, ainda que isso não seja verdade.

Com relação às mãos nos bolsos, isso ainda é visto por muitos como uma pose desrespeitosa.

Se você se lembra conforme citado no início do livro, gostamos de nos ver nos outros, e estamos sempre procurando por congruência. Dessa maneira, mesmo que as mãos do sujeito estejam nos bolsos, se os leitores não estiverem presentes no espaço, não poderá haver o espelhamento.

Também gostamos de ver as mãos e os braços se moverem em uníssono com os lábios, como discutido anteriormente. Colocando esses fatos juntos, podemos entender porque não gostamos de ver os sujeitos com as mãos nos bolsos.

As mãos escondidas podem demonstrar timidez. As mulheres seguram as mãos atrás das costas para mostrar que estão dispostas a ser vulneráveis e, se o movimento for acompanhado de um balanço de tronco, evidenciará total submissão e um gesto de flerte que não poderá ser mal interpretado.

Batendo palmas

Este é um assunto bastante barulhento e não é conducente com um sujeito que queira esconder seu estado emocional ou que seja extremamente tímido.

Esta atividade pode variar de bater palmas lentamente, como sendo um gesto desrespeitoso de impaciência, até aplausos vigorosos e apreciativos. Por vezes, pode até mesmo se transformar em pancadas na mesa para aumentar o efeito.

Bater palmas sobre a cabeça quando de uma vitória. Vejo isso toda semana, ao término de um jogo de futebol. A cabeça se mantém erguida e os braços permanecem tão elevados quanto podem.

A equipe vencedora fará isso, com toda a certeza. A única exceção que testemunhei aconteceu quando minha equipe venceu com uma margem tão grande, que os atletas ficaram envergonhados pelo outro time e os aplausos foram bem menores do que o habitual.

Bater palmas sobre a cabeça quando de uma derrota. É quase idêntico, pois apenas a cabeça permanecerá para baixo. De novo, um time perdedor se dirigirá para seus fãs e baterá palmas por cima da cabeça de uma maneira apologética.

Palmas

Como ocorre com todas as partes do corpo, existe um lado difícil e delicado. Quando se trata de mãos, suas palmas são esse lado delicado e é evidenciado dependendo de como são exibidas.

Palmas para cima

Com os braços à frente do corpo, em noventa graus com relação ao corpo, se as palmas estão voltadas para cima, o sujeito está confiante e aberto. Está convidando os outros para o seu espaço ou para o entendimento de uma idéia, se estiverem conversando. Geralmente haverá um ligeiro movimento para cima e para baixo dos braços, como se o sujeito estivesse gentilmente fazendo malabarismos com uma bola nas mãos. Se quiser que as pessoas escutem, mantenha as palmas para cima.
Uma variação das palmas para cima ocorre quando permanecem expostas e os braços caem abaixo da linha horizontal. Essa é

uma demonstração deliberada de vulnerabilidade. As mãos do sujeito estão literalmente implorando para você.

Palmas para baixo

Os braços na mesma posição descrita acima, mas com as palmas voltadas para baixo, demonstra que o oposto está sendo dito. Não há espaço para discussão. Se estiver conversado com essa pessoa, então, é fim de papo.

Se as mãos forem viradas de modo que fiquem de costas para nós, evidencia-se um sinal muito significativo. Obviamente, está sendo formada uma barreira, mas também esse gesto pode ser usado para tentar forçar a palavra falada em sua direção.

É um gesto 'você deve aceitar o que estou dizendo'. Assim, você pode ver que esse é um gesto estranho a ser usado se estiver tentando convencer alguém da veracidade de uma afirmação.

Palmas voltadas para dentro

Se as palmas das mãos estiverem voltadas para o sujeito, evidencia-se um sinal de confiança silenciosa. Isso também vale para quando uma mão está em concha na outra e na situação de passiva.

Tremendo as mãos

Significa que estamos nervosos. Alguns cuidados são enfatizados aqui, pois existem aqueles que naturalmente têm mãos trêmulas. Assim sendo, é um sinal imperdível na configuração de uma linha de base.
Também o excesso de excitação pode fazer as mãos tremerem, por isso todas as observações devem ser lidas no contexto.

www.ingramcontent.com/pod-product-compliance
Lightning Source LLC
LaVergne TN
LVHW011942070526
838202LV00054B/4761